全国『新标准』学前教育专业系列

幼儿园环境创设

主　编◎陈桂萍　郑天竺

华东师范大学出版社
·上海·

图书在版编目(CIP)数据

幼儿园环境创设/陈桂萍,郑天竺主编. —上海:华东师
范大学出版社,2016
全国"新标准"学前教育专业系列
ISBN 978 - 7 - 5675 - 5938 - 7

Ⅰ.①幼… Ⅱ.①陈…②郑… Ⅲ.①幼儿园-环境
设计-幼儿师范学校-教材 Ⅳ.①G617

中国版本图书馆 CIP 数据核字(2016)第 294056 号

幼儿园环境创设

主　　编　陈桂萍　郑天竺
项目编辑　蒋　将　袁子微
特约编辑　周雨馨
责任校对　时东明
装帧设计　俞　越

出版发行　华东师范大学出版社
社　　址　上海市中山北路 3663 号　邮编 200062
网　　址　www.ecnupress.com.cn
电　　话　021 - 60821666　行政传真 021 - 62572105
客服电话　021 - 62865537　门市(邮购)电话 021 - 62869887
地　　址　上海市中山北路 3663 号华东师范大学校内先锋路口
网　　店　http://hdsdcbs.tmall.com

印 刷 者　常熟市文化印刷有限公司
开　　本　787毫米×1092毫米　1/16
印　　张　11
字　　数　220千字
版　　次　2017 年 2 月第 1 版
印　　次　2025 年 7 月第 9 次
书　　号　ISBN 978 - 7 - 5675 - 5938 - 7
定　　价　28.00 元

出版人　王　焰

编写委员会

本教材是以党的二十大精神为指引,根据 2011 年《幼儿园教师教育课程标准》和 2012 年的《3—6 岁儿童学习与发展指南》,结合幼儿园环境创设的特点和学前儿童的身心发展特点,并基于高职高专课程设置的有关要求,着眼于幼儿园环境创设的实际教学需要而进行编写的。

本书共分为三大模块:第一模块着重介绍幼儿园环境创设的基本理论;第二模块介绍幼儿园室内外环境的规划及创设,着重从幼儿园空间环境创设、墙饰环境创设、区域环境创设、幼儿园主题活动的环境创设以及幼儿园环境评价等方面阐述了幼儿园环境创设的内容和基本方法;第三模块主要介绍幼儿园玩、教具制作的方法和要点,并辅之以具体的实训项目。另外,本教材还精选了多所海南省示范幼儿园在环境创设方面真实、生动而又有趣的图例,以供学习者分析、思考与借鉴。

本教材可供职业教育院校学前教育专业和幼儿师范院校的学生使用,也可作为幼儿园教师继续教育和进修的培训教材。

"幼儿园环境创设"作为一门课程进入学前教育的历史并不长。为了响应教育部"强师计划"号召,加快教师队伍建设,提升教师专业素养与技能,我们根据幼儿园的实际工作需求编写了本教材。教材编写组由专业理论娴熟、教学经验丰富的高校教师以及多所省级示范幼儿园的业务园长、骨干教师组成。教材内容主要由课程教学讲稿转化而成,其间历经反复推敲、修改,凝聚着诸位编写者的心血。

"幼儿园环境创设"属于应用型课程,十分强调实用性和可操作性。编写组成员深入贯彻党的二十大报告中的"必须坚持问题导向"精神,始终围绕幼儿教师的职业特点,不断调整内容的侧重点,对理论性太强且学生理解有一定难度的问题,适当降低了要求或予以具体化;对于实用性较强而打基础阶段又必须要掌握的基础知识和基本技能,则适当予以突出。同时,本教材的编写还特别注重学生理解能力、分析能力、操作能力和应用能力的培养。

因此,本教材各部分的构思如下:

第一模块:主要阐述幼儿园环境创设的理论基础,使学生从心理学、教育学等多学科视角全面而深入地认识环境对学前儿童发展的巨大作用和对幼儿教育活动的不可或缺性,从而学会自觉地、理性地创设环境、利用环境和改造环境。针对当前幼儿园环境创设中的常见问题,提出幼儿园环境创设的基本原则。同时,融入能够体现中国传统文化的特色幼儿园环境案例,引导学生关注对传统文化的传承。

第二模块:主要介绍幼儿园室内外环境的规划及创设,分别从幼儿园空间环境创设、墙饰环境创设、区域环境创设、幼儿园主题活动的环境创设以及幼儿园环境评价等方面,阐述幼儿园环境创设的内容和基本方法以及应该注意的问题。这部分内容将尽可能地融入环境创设的实践训练,帮助学生及时了解当前幼儿园环境创设的工作,培养相应的幼儿园环境创设技能。

第三模块:具体介绍幼儿园玩、教具制作的方法,并依托海南省示范幼儿园,着眼于幼儿园园舍环境创设、幼儿园墙饰布置、幼儿园活动区创设、幼儿园挂饰以及幼儿园主题活动环境创设等多个方面,汇集了大量真实、生动而有趣的图例,注重环保理念的渗透,以供学生分析、思考与借鉴。

"幼儿园环境创设"是一门实用性和操作性很强的学科。在使用本教材时,建议使用者首先要对教材进行整体研究,要系统地了解其章节与结构,并把握各部分内容之间的关系,尤其要准确把握理论指导与实践指导这两部分之间的契合点,从而将两者有机结合进行施教。其次,要在对幼儿园环境实地考察的基础上,注重吸取并融合当地幼儿园环境创设与制作的新经验、新方法，从而使本教材内容得到后续的补充、完善和提高。在每个章节的理论阐述之后，本教材都设计并安排了题型新颖多样的"练习与思考"和"项目技能实训"，具有很强的针对性和突破性，利于培养学生的专业技能。

本教材由琼台师范学院万力维副校长、教学评估督导办庄小满主任和幼儿师范学院罗丽丹副院长负责组编工作指导，由课程负责人陈桂萍老师负责组织有关专家、教授、学者及一线骨干教师分头编写，由琼台师范学院附属幼儿园丁丽园长、许耀凤业务园长、海南省机关幼儿园钱芳业务园长、海南省军区幼儿园于娴业务园长和海口市机关幼儿园陈流芳园长提供一线教研信息、活动案例及有关图片资料。全书编写具体分工为：项目一由邓虹婵、陈桂萍、郑天竺编写，项目二和项目三由郑天竺编写，项目四由巫秋云编写，项目五由陈桂萍编写，项目六由郑天竺、赖竹婧编写，项目七由陈桂萍、欧阳娉婷、巫秋云编写，项目八由欧阳娉婷编写。全书由陈桂萍、郑天竺确定编写提纲，并负责对全书进行统稿与审阅修改工作。参加编写人员经过认真编写，反复研讨，几易其稿，但由于条件、水平有限，难免存在不足甚至错误之处。本教材仍有待完善，恳请广大同仁不吝赐教。

编者

2023 年 6 月

第一模块　幼儿园环境创设的基本理论概述

第二模块　幼儿园室内外环境的规划及创设

第三模块　幼儿园玩教具制作

第一模块

幼儿园环境创设的基本理论概述

引言

有人说：当你走进一所幼儿园，不用介绍，也无须交谈，只要留意整个环境，你就能了解这所幼儿园了。

《幼儿园教育指导纲要(试行)》中明确指出："环境是重要的教育资源，应通过环境的创设和利用，有效地促进幼儿的发展。"其中还提到，"幼儿园空间、设施、活动材料和常规要求等，应有利于引发、支持幼儿与周围环境之间的相互作用"。由此可见，环境是幼儿发展的重要条件。幼儿园作为专门性的教育机构，有责任有义务为幼儿提供健康、丰富的生活和活动环境，把环境创设很好地融入幼儿园整体教育的有机组成中。环境的创设和布置是日常教学活动顺利而高效开展的重要手段，它不单单是对"美"的要求，更重要的是作为课程设计与实施的重要因素，必须有效地促进幼儿身心发展。幼儿教师不仅应具有课程规划和教育教学的能力，更应有创设、发展、支持环境的能力。2012年，教育部颁布的《幼儿园教师专业标准》中，明确提出把"环境创设与利用"作为幼儿教师必备的七大专业能力之一，因此，作为学前专业学生了解幼儿园环境创设知识并形成相应的专业技能是十分必要的，是专业素养的基本要求。

【问题情境】

某幼儿园为了建设"花园式的幼儿园"，把一块原本平平整整的大场地，改造成通道弯弯曲曲穿插其间，花坛、喷泉、亭子点缀其中的"花园"。你认为这个幼儿园对场地的改造是否合理？为什么？

【学习提示】

以上问题情境，其实是向我们提出这样一个问题：什么样的环境才是孩子们所需要的，并能促进其健康发展的？作为幼儿教师，我们在创设环境时，应满足哪些基本要求呢？不同的幼儿园环境创设背后又蕴藏着怎样的教育教学理念呢？学完本章，这些问题你定会迎刃而解。

【学习目标】

1. 理解幼儿园环境创设的重要性，了解幼儿园环境的多种分类视角
2. 领会幼儿园环境创设的目标原则和基本方法
3. 了解几个典型幼儿教育环境思想及对我们当前幼儿园环境创设的启示
4. 能根据需要，制定幼儿园环境创设的方案
5. 能结合实际对幼儿园环境创设实例进行评析

任务一　幼儿园环境基本概述

一、幼儿园环境的概念

要理解"幼儿园环境"这一概念,首先要弄清楚什么是环境。环境是人们生活中用得比较多的一个词语,比如自然环境、社会环境和家庭环境等等,另外,环境还是一个众多学科使用的概念,不同的学科对"环境"有不同的解释。在这里我们主要从教育的角度探讨环境的定义。

在《教育大辞典》中,环境的定义是在一定范围内围绕着个体并对个体产生直接或间接影响的各种因素的总和。这些因素既包括个体之外的自然因素和社会因素,也包括个体自身的生理因素和心理因素。

对幼儿园环境的界定,有广义和狭义之分。广义的幼儿园环境是指幼儿园教育赖以进行的一切条件的总和。它包括幼儿园、家庭、社会中一切对幼儿身心发展产生影响的外部因素。狭义的幼儿园环境是指幼儿园内幼儿身心发展所必须具备的一切物质条件和精神条件的总和。包括幼儿园内的各种物质器材、设备条件、人事关系和制度文化等。

幼儿园环境作为一种教育环境,我们必须要了解到,自然环境本身并不会自动成为教育环境,只有当它进入人的活动视野,作为认知对象并被作为材料,经过艺术加工,成为幼儿喜闻乐见的专用场所、设施、音像制品甚至特种玩具,这才成为教育环境。因此,从教育的本质上说,幼儿园环境是教育者根据教育目标、着眼于幼儿身心发展的需要而精心创设的"适宜"的教育条件。

二、幼儿园环境的分类

幼儿园环境的分类构成,从不同的角度,有不同的划分方法。

从物质形态上看,可将幼儿园环境分为物质环境和精神环境。

广义的物质环境是指对幼儿园教育产生影响的一切天然环境与人工环境中物质要素的总和,包括自然风光、城市建筑、社区绿化,家庭物质条件、居室空间安排、室内装潢设计等。狭义的物质环境是指幼儿园内对幼儿发展有影响作用的各种物质要素的总和,包括园舍建筑、园内装饰、场所布置、设备条件、物理空间的设计与利用、各种材料的选择与搭配等。

广义的精神环境泛指对幼儿园教育产生影响的整个社会精神因素的总和,主要包括社会的政治、经济、文化、艺术、道德、风俗习惯、生活方式、人际关系等。狭义的精神环境指幼儿园内对幼儿发展产生影响的一切精神因素的总和。主要包括教师的教育观念与行为、幼儿园人际关系、幼儿园文化氛围等。

从幼儿园空间布局来看,广义的幼儿园环境分为园内环境与园外环境,园外环境主要是指幼儿园之外的环境,比如社区环境、家庭环境等。园内环境是指幼儿园内部环境,包括户外环境、室外环境和室内环境,户外环境主要指户外活动区,如器械设备区、玩沙戏水区等;室外环境又称为公共区域环境,主要是指楼道、走廊,门厅等;室内环境主要指班级环境,具体又包括活动室内各种区域,如洗漱室,睡眠室等。

从幼儿园一日活动的主要类型来分,幼儿园环境可分为生活活动环境、游戏活动环境和学习活动环境等。这些活动环境还可以再次划分为更加微观的环境,比如生活活动环境还可分为盥洗室,就餐区等;游戏活动环境可分为室外游戏区和室内游戏区,室外游戏区有玩水玩沙区、体育活动区等;室内游戏区又可分为角色游戏区、表演游戏区、结构游戏区、认知活动区(如阅读区、数学区、科学区、美工区、手工区等)。另外,幼儿园往往是以游戏来主导学习的,通过游戏来学习,通过游戏来开展教学,也就是所谓的"玩中学",游戏区和学习区很难绝对地对立与分开,所以所有的游戏活动区也可以看作学习活动区,如果当时是以自发的自由游戏为主,我们可以把它看作游戏环境,如果是有明确教育目的和任务的,我们可以把它看作学习环境。

如果把幼儿园环境作为"隐性课程",那么从课程的结构和特征来分,可分为空间环境、组织制度环境和文化心理环境。空间环境主要指幼儿园的园舍建筑、活动室设置和美化绿化等形式;组织制度环境是指幼儿个体与集体行为的准则与规范,主要有教育内容与活动的安排、教育评价与方式及教育管理思想与方式等方面;而文化心理环境包括师生关系,教师期望、行为和态度等。

三、幼儿园环境的功能

众所周知,环境具有改变人行为的功能,"近朱者赤,近墨者黑"说的就是这个道理,而幼儿园环境又不同于一般环境,它是根据幼儿园教育目标和幼儿身心发展的特点,有目的、有计划、有组织地精心创设的。在幼儿园教育中,环境不仅是美化的需要,还是教育者实现教育意图的重要中介,教育者把教育意图隐含在环境中,让环境去说话,让环境去引发幼儿应有的行为。这种功能对幼儿的影响是潜移默化的、是渗透性的,其作用是长期的。由此可见,幼儿园环境在促进幼儿全面发展方面发挥着重要的作用。

在物质环境方面,幼儿园建筑属于造型艺术的同时又负有教育的使命,往往象征着某种理想和精神,能提供给幼儿丰富的想象。幼儿园建筑的位置及所处自然和社会环境,可以对幼儿产生积极的影响。如与整洁安静的街道为邻,远离噪音,能使幼儿感受到文明、和谐、安宁的气氛;与幼儿人数相适宜的绿化面积,能净化空气,有益于幼儿健康;丰富而充实的设备条件,如图书、玩具材料等,能激起幼儿学习的兴趣,促使他们积极地去探索、发现问题,并解决问题;合理的膳食结构和良好的生活作息制度,能够保证幼儿营养,使幼儿养成有规律的生活习惯,促进幼儿生长发育。

在精神环境方面,幼儿与教师、幼儿与幼儿之间和谐的关系,能使幼儿学习并体验人际交往的基本态度和社会行为规范,学习到许多适应社会生活的有益的经验。环境是有生命的,幼儿的心情与感受,感觉方式与行为表现,都与教师所提供的环境息息相关。

由于幼儿园的各种环境都是教师根据教育的要求及幼儿的特点精心创设与控制的,因此,幼儿园环境能不能发挥重要价值与幼儿园教师的素质有很大的关系。如果教师具有正确的观念与行为,就可以敏锐地发现幼儿的各种需要,协调各方面的因素,创设一个良好的发展环境,进而促进幼儿的发展;如果教师不具有正确的观念与行为,则会对幼儿的需要视而不见,对环境中各种有利的因素不能加以充分利用,对不利因素不能进行有效控制,也就不能保证环境的整体质量,环境的教育功能就会降低。可以说幼儿园物质环境创设的目标的实现,很大程度上取决于幼儿与教师、幼儿与幼儿之间相互作用的方式及关系,因为幼儿接受环境的影响不是消极被动的,而是积极能动的过程。因此,幼儿在环境面前是可以有所作为的,是完全可以通过自己的活动创建出一个适宜于自身发展的积极环境。因此,我们说环境影响幼儿,幼儿也同时改造环境。认识到这一点,对于正确把握幼儿园环境的作用和创设良好幼儿园环境具有重要意义。

任务二　幼儿园环境创设基本概述

一、幼儿园环境创设的意义

(一) 幼儿园环境创设的定义

幼儿园环境创设,主要是指教育者根据幼儿园教育的要求和幼儿身心发展的规律与需要,充分挖掘和利用幼儿生活环境中的教育因素,并创设幼儿与环境积极作用的活动场景,把环境因素转化为教育因素,促进幼儿身心主动发展的过程。因此,我们说,环境创设不是随意添加一点点装饰品,也不是硬件设施的堆砌,而是师生活动相互依赖、相互影响的过程。

(二) 幼儿园环境创设的意义

1. 提供幼儿发展保障

幼儿要在幼儿园进行吃饭、睡觉、游戏等一系列活动,只有具备相应功能的建筑、空间设备,才能使幼儿感到安全、方便、舒适和愉悦。

2. 促进幼儿身心健康

宽敞的空间与适宜的设备器械可以锻炼幼儿的机体;整洁优美的环境会给幼儿美的享受;具有探索性的环境和材料可以满足幼儿的好奇心,从而激起幼儿的探究热情,形成探究的品质,提高探究能力;文明有序的集体活动环境有利于培养幼儿的规则意识和集体意识,同时培养孩子合群、利他,克服孤独、自私等性格特质;融洽和谐的人际关系使幼儿感到宽松自由,懂得谦让,尊重他人与自尊,变得乐观自信,从而更好地适应社会生活。

3. 激发幼儿创造潜能

幼儿不是环境创设的消极旁观者和享用者,而是环境创设的积极参与者和互动者。在环境创设的过程中,幼儿参与设计构思、材料搜集以及动手制作和布置的全过程,由此激发出幼儿自我发展的主人翁意识。在与环境交互的过程中,幼儿会根据自己的需要,自由选择环境,探索环境,控制和驾驭环境,使其积极性、主动性、创造性可以得到最大程度的释放。

二、幼儿园环境创设的目标

幼儿园环境创设,首先要解决创设目标的问题。环境创设目标要符合幼儿教育的培养目标,具体而言,要有利于幼儿全面均衡发展。2001 年,教育部颁布的《幼儿园教

育指导纲要(试行)》中对幼儿园环境创设作出如下要求,我们可以将其看作我国幼儿园创设的总体目标:

环境是重要的教育资源,应通过环境的创设和利用,有效地促进幼儿的发展。

(一)幼儿园的空间、设施、活动材料和常规要求等应有利于引发、支持幼儿的游戏和各种探索活动,有利于引发、支持幼儿与周围环境之间积极的相互作用。

(二)幼儿同伴群体及幼儿园教师集体是宝贵的教育资源,应充分发挥这一资源的作用。

(三)教师的态度和管理方式应有助于形成安全、温馨的心理环境,其言行举止应成为幼儿学习的良好榜样。

(四)家庭是幼儿园重要的合作伙伴。教师应本着尊重、平等、合作的原则,争取家长的理解、支持和主动参与,并积极支持、帮助家长提高教育能力。

(五)充分利用自然环境和社区的教育资源,扩展幼儿生活和学习的空间。幼儿园同时应为社区的早期教育提供服务。

以上几类幼儿园环境创设的目标既关注到了幼儿的物质环境,又关注到了幼儿的精神环境;既看到了幼儿与环境互动的重要性,又考虑到了环境对幼儿的引导作用,还考虑到了幼儿在环境创设中的主动性的发挥;同时还充分注意到了与幼儿园有关的园外环境对幼儿发展的作用。总之,幼儿园环境创设的根本目的,是要为幼儿提供良好的生活环境和学习环境,引发幼儿符合教育目的与要求的行为,为幼儿的身心健康和全面和谐发展创造条件。

三、幼儿园环境创设的原则

幼儿园环境创设的原则是教师在创设幼儿园环境时应遵循的基本要求。这些原则贯穿于环境创设的各项工作之中,对环境创设的每一步都具有指导作用。在环境创设的过程中,分为物质环境创设和精神环境创设,只有认真贯彻这些原则,才能更好地发挥环境的教育价值。

(一)幼儿园环境创设中存在的问题

当前幼儿园环境创设中容易出现的问题,总的来说体现在六个方面:

第一,重观赏,轻教育。幼儿园环境固然要体现孩子的特点,但更重要的还是要有教育意义。很多幼儿园只图表面上的漂亮、花哨,而忽视了环境的文化内涵和教育意义,环境创设千篇一律,没有明确具体的目的。甚至有些环境设计由于色彩和内容的不适,容易引起孩子烦躁不安的情绪。

第二,重教师,轻幼儿。环境创设教师动手多,孩子动手少。从成人角度出发多,从孩子角度出发少。往往是教师费了很大功夫,也费了不少钱,但对孩子的作用却不大。

第三,重购置,轻创造。很多幼儿园,特别是经济条件较好的农村幼儿园,过分追求与城市园的一致,墙饰材料、教具玩具、室内设施在外面买的多,自己做的少,成品材料多,半成品材料少,高档材料多,废旧材料少。

第四,重静态,轻动态。环境设计静止不动多,活动的、可更换的设计少。往往是墙饰一劳永逸,孩子作品一贴多年。

第五,重物质,轻精神。只看重幼儿园物质环境的创设,忽视了人际关系的建设,忽视了师德师风的培养,忽视了园风班风的形成。

第六,重美观,轻功效。只注重环境创设的单向作用,环境创设过程中的指导思想与创设方法不是从教育幼儿的角度出发,而是较多地停留在幼儿园环境的整洁、有序、美观上。为了装饰而完成任务,追求外在的形式,忽视了环境在教育教学中的实际功效和作用。

(二) 幼儿园物质环境创设的原则

1. 安全性原则

安全性原则是幼儿园环境创设的首要原则,安全的环境是适宜幼儿发展的必备条件,在安全的环境里,幼儿的生命才能获得保障,才能快乐地学习、成长。这里的安全包含两个方面,一是心理的安全,二是身体的安全。心理安全主要指良好的师幼关系、同伴关系以及合理的生活制度与要求等。例如,幼儿能深切地感受到教师是很关心和爱护他的,小伙伴是欢迎和接受他的,幼儿能在幼儿园得到大家的尊重,感受到像在自己家里一样的温暖。身体的安全主要指的是避免外界物质对幼儿身体的伤害。这主要从两方面着手,一是设施、设备、材料本身是安全的。如废旧物品制作的玩具是否会对幼儿造成伤害;安排的场地空间是否合理,它们之间是否会互相干扰;所种的花草是否既漂亮,又无毒、无危险,比如夹竹桃、仙人球之类就不宜在幼儿园种植。室内、寝室要安装紫外线灯或随时用消毒水消毒等。二是对设施、设备、材料的位置摆放要是安全的。电线、开关和插座、消毒液、外用药液应放在幼儿手不可及的地方;防护装置应符合安全要求。比如,吊扇使用前对其稳定性要进行检查。一些易碎或玻璃制品不可当挂饰或吊饰。一些危险物品或具有潜在危害的物品像消毒液、洗衣粉等,应放在幼儿触及不到的地方,室内玩具的购买也要注意,比如尖锐的、细小的、射击用的(枪)等等,都有危险。一些"三无"塑料玩具也有安全上的问题。另外,玩具还要经常清洗,保持整洁。

图 1-1

2. 教育性原则

教育性原则是幼儿园环境创设的最重要的原则。有人认为,只要是有美术特长的人就会创设幼儿园环境,其实不然。因为创设幼儿园环境不只是追求美观,更要注重环境的教育性。为了充分发挥环境的教育功能,在创设幼儿园环境时,必须明确环境创设所要达到的教育目的,以教育目标为依据来创设幼儿园环境。

因此,在创设环境之始,首先应考虑的是创设的环境是否有利于教育目标的全面实现。《幼儿园工作规程》中对幼儿园教育目标是这样描述的:"对幼儿实施体、智、德、美等方面全面发展的教育,促进其身心和谐发展。"所以说,为了幼儿的全面发展,我们在健康、语言、社会、科学、艺术五大领域不能重此轻彼。凡是有利于孩子发展、教育目标所设计的领域,就应有相应的环境布置。比如很多幼儿园,在活动区门口设计几双小脚印;在公共楼道印上上下楼梯的箭头图案;在洗漱间展示正确洗手的图示;这些环境创设就是对幼儿渗透规则意识。还有很多双语或者国际幼儿园,在环境创设上,处处体现多元文化色彩,比如说在环境创设上展示不同国家的国旗,在日常生活上安排不同国家的饮食。另外,还要依据幼儿园教育目标,对环境教育做系统的规划。要根据学期计划和月计划、周计划的不同,设计与之相适应的环境,形成系统的、系列的环境布置,促进教育目标的完成。一般来说,现在很多幼儿园都以主题形式来开展教学,环境创设方面会根据主题的进度变化逐步完善,环境的教育作用(比如活动材料的投放)也会随着教学内容的开展逐渐深化。

图 1-2

3. 适宜性原则

适应性原则是幼儿园环境创设的基础性原则。幼儿正处在身体、智力迅速发展以及个性形成的重要时期,幼儿园环境创设要与幼儿发展水平、年龄特点、兴趣爱好、个性特征等相互匹配、同步、协调,这样才能促进每个幼儿全面和谐的发展。遵循这一原则,需要按照两个"适合"来对环境进行创设。

首先,适合幼儿的年龄特点。从幼儿身心发展的年龄特征来看,小班、中班和大班的幼儿在身心发展特点上的差异是非常明显的,其身心发展所需要的环境也不尽相同,教师要根据幼儿不同的年龄特征为其提供适宜的发展环境。比如,墙面的布置应根据幼儿视线的不同而设置;材料投放的性质、种类、数量应考虑幼儿的年龄特点与人数等。在玩具投放方面,一般小班玩具要求种类少,数量多,中大班的玩具则要求种类多,而每一种玩具的数量可以相对减少,这是因为小班往往以独自游戏或平行游戏为主,玩具数量最好人手一份,而到了中大班更多的是培养孩子的创造力和合作精神,因此半成品玩具较多;在标识方面,形象思维占优势的小班幼儿的活动室内就要少用文字标识,尽量多采用图片标识。

其次,适合幼儿的个性特点。每个幼儿都是一个独立的个体,在兴趣、能力、学习方式等方面都存在很大差异。如有的幼儿天性好奇,有强烈的探索愿望,教师就应为幼儿创设问题情景,使幼儿有发现问题并解决问题,提高思维水平和动手能力的机会;有的幼儿性格比较"外向",那么具有操作性和冒险性的游戏材料更适合这些幼儿;有的幼儿气质比较"内敛",那么就应该为这些幼儿设置专门的安静区或私密区。教师在设计环境时,要把这些特点都考虑进去,既要考虑幼儿的年龄特征,也不能忽视幼儿间的个体差异,这样才能为每个幼儿创设与其发展相适宜的"最近发展区"。

图 1-3

图 1-4

图 1-5

4. 参与性原则

幼儿参与性原则是指环境的创设过程是幼儿与教师共同合作、共同参与的过程。教育者要有让幼儿参与环境创设的意识,要认识到幼儿园环境的教育性不仅蕴含于环境中,而且蕴含于环境创设的过程中。

遵循这一原则要避免两个误区:

(1) 让幼儿参与环境创设,就是让幼儿给教师"帮忙"。事实上,教师和幼儿都是环境的主人,因此幼儿园环境的创设既是教师分内的事,也是幼儿分内的事,绝非只是教师一方的事。"帮忙"的思想实质是"以教师为中心"。

(2) 认为幼儿年龄小,不会做事,只会"添乱"。有的教师总认为幼儿年龄小,什么也不会,即使让其参与,也多是挑选几个教师认为能力强的幼儿,在教师的指挥、监督下,按教师的意图去做。有的教师好心地说:"我两下就准备好了,这样可以让他们多点时间活动。"如果幼儿只是一个旁观者,而不是积极主动的参与者的话,他们永远不能变得能干起来。环境创设的好坏标准不在于做的东西是否精美,而在于教师与幼儿共同合作的程度以及幼儿投入的程度,这才是体现环境质量的最重要的东西。当然,在创设环境的过程中,教师应教会幼儿一些参与的方式和方法,抛开"幼儿无能的思想"。比如,如何主动表达自己的看法,如何动手制作物品、装点环境,如何与别人合作等。教师应让幼儿有机会实践这些技能,在参与中获得发展。

教育家陈鹤琴说:"用儿童的双手和思想布置的环境,会使他们更加深刻地理解环境中的事物,也会使他们更加爱护环境。"在环境创设的过程中,重视幼儿的参与,具有重要的意义。

一是培养幼儿的主体精神,发展幼儿的主体意识。因为,如果只是让幼儿从小在包办的环境里生活,那么他们只会变得依赖环境,觉得自己对环境是无能为力的,这样不能发展幼儿积极的主体意识和主动活动的能力。

二是培养幼儿的责任感。幼儿参与环境的创设,能切实地体验到自己做的事对集体的影响。比如大家一起收拾活动室,擦桌子、扫地、整理玩具,把活动室打扫得干干净净,参与这一过程会使幼儿真真切切地感到自己在集体中的作用;而如果自己负责的桌子没擦干净,影响了活动室的清洁时,也会让幼儿体会到责任意味着什么。如果没有亲身参与,这个环境与自己无关,幼儿就不会真正去关心这个环境,也不会理解什么叫责任。我们可以常常见到对于活动室墙上教师精心绘制的非常精美的儿童画,幼儿刚看到时还感到新鲜,过不了多久就视而不见了。哪怕上面贴的什么东西掉下来了,或者画已经过时了,也无人问津。但假如由幼儿分组轮流负责布置的话,就会完全是另一番景象。

三是培养幼儿的合作精神。环境的创设要依靠大家的力量,比如说,布置活动室的墙面的时候,大家分工合作,有的剪、有的画、有的贴,要让墙面布置得漂亮,需要幼儿齐心合力,不光顾自己做,还必须学会商量,要听别的小朋友的意见,相互帮助。这样,幼儿才能够切实地感受到集体的力量,发展合作的意识,从而提高相互合作的技能和能力。

总之,在参与创设环境的过程中,让幼儿发展、学习、创造、合作,这是对幼儿最好的教育,其效果决不亚于教师创设的现成环境。

图 1 - 6

5. 动态性原则

动态性原则是指幼儿园物质环境创设要从空间、内容、材料、规则等方面关注环境的不断生成和变化。环境创设是一项持续性的活动,布置的内容并非固定不变,而应随着活动主题、季节、节日的变化而变化。长期固定不变的环境内容会影响幼儿丰富的想象力,减少幼儿动手参与及与周围环境之间积极互动的机会。因此,环境创设要常变常新,通过不同环境内容的布置、不同活动设施的设置以及不同材料的投放,来丰富幼儿的视觉感知,增加幼儿动手操作的机会,促进幼儿与环境、材料的互动。环境的动态性原则包括两层意思:

一是尽量体现"动"的形式。比如一所幼儿园在大门处,根据幼儿园门厅弧形结构,量身设置一个直通二楼的多功能玩具区,幼儿可以通过钻、爬、攀、滑等多种方式来上下楼梯。活动区投放材料尽可能地选择能让幼儿动手操作的低结构材料,如沙、水等材料和废旧材料。

二是体现"变化性"和"生成性"。比如,在内容上,幼儿学习的主题、时间和地点应当富有弹性和变化,这样才能激发幼儿的学习兴趣并提高学习效果。环境创设内容应随主题、节日、季节等变化而随时更换,如在创设帮助幼儿认识四季变化规律和特点的壁画时,教师可以采用留、变、添、减的方法。若要表现树木的变化,在春天,让幼儿用皱纹纸拧成迎春花或团桃花粘贴在树干上;随着气温升高,让幼儿取下迎春花、桃花,添上叶子,补上桃子,表示夏季枝叶茂盛,开始结果;到了秋季,再让幼儿把绿叶换成黄、红、棕色的叶子,并模拟出叶子飘落的情景;冬季来临,让幼儿取下叶子,换上白色的棉花,表示积雪,并剪贴出漫天飞舞的雪花和落满白雪的青松。这样,四季的景色在幼儿的参与下动态性地生成。此外,主题内容的生成还应随着幼儿的兴趣和问题的变化而变化。例如,有的孩子对温度没有直接经验,就会有"今天好热呀,有 80 度!"这样的错误表达,教师应及时捕捉到这一信息,从而生成关于天气的主题活动。

图 1-7

彩色白胶   白胶画

图 1-8

图 1-9

6. 开放性原则

开放性原则是指创设幼儿园环境,不仅要考虑幼儿园园内环境要素,同时也要重视园外环境的各要素,两者应该有机结合,协同一致地对幼儿施加影响。利用开放的教育环境对幼儿进行教育,是教育者应该树立的大教育观。科学技术发展所带来的信息量给幼儿的刺激可以说是全方位的,幼儿的成长随之受到多方面的影响,因此,幼儿园不能关起门来办教育,脱离幼儿园园外环境进行园内封闭式的教育成效是有局限的。面对外界环境的复杂影响,幼儿园应采取积极的态度,主动与外界结合,让家庭和社区成员更进一步地了解幼儿和幼儿园,使幼儿园教育获得家庭和社区的支持和配合,有针对性地对幼儿进行教育。同时,也要促使家长和社区成员从教师那里学习到教育知识和技能,改善自身的教育观念和行为,只有这样才能实现"5+2＞7"的教育效果("5"代表5天幼儿园教育,"2"代表2天家庭教育或社会教育)。

图 1 - 10

图 1 - 11

图 1 - 12

7. 经济性原则

经济性原则是指创设幼儿园环境应考虑幼儿园自身的经济条件,勤俭办园,因地制宜地办园。贯彻经济性原则并不只是贫困地区的事。我国所有的幼儿园都应当发扬艰苦奋斗的革命精神,勤俭办教育,结合本地区、本园所、本班级的特点和实际需要,就地取材、废物利用、一物多用,充分发挥自然材料的功效。

比如有的山区盛产竹子,利用它可以做一些积竹(竹子做的积木)、高跷,供幼儿玩游戏;农村幼儿园用三合土铺的活动场地,也比起水泥地省钱又安全。

图 1 - 13

图 1 - 14

8. 审美性原则

美的环境能使幼儿的情绪安宁,精神放松,身心愉悦。反之,则容易产生烦躁、疲劳、心神不安、不知所措的情绪。优美的环境能使幼儿感受其形式美和内容美,开阔儿童的视野,丰富表象储备,丰富美感经验,缩短从爱美到审美的距离,获得精神上的愉悦和审美享受,促进幼儿审美能力的发展,为表现美、创造美打下基础。

传统幼儿园环境创设更多地关注外观上的"装饰性",而忽略内在教育价值上的"审美性",使得有些幼儿园环境表面上看起来"丰富多彩","琳琅满目",实际上却是杂乱无章地堆砌,毫无章法,更谈不上美观。这样的环境不仅不能促进幼儿的发展,甚至还限制和阻碍了幼儿的发展。因此,幼儿园环境创设要注意整体上风格一致,比如主题墙饰和区域墙饰,要进行统一规划,在色彩上、造型上和构图上不仅要搭配协调,还要与环境的教育性和谐融合,达到局部美与整体美的有机统一。美的环境能让孩子眼前一亮,陶冶其情操,唤醒其创造美的意识。

图 1 - 15

四、幼儿园环境创设的方法

幼儿园环境创设的常用方法有以下四种:

(一) 讨论法

所谓讨论法是指在环境创设以及环境交往中,教师引导幼儿相互商量,集思广益,从而确定环境创设的主题和内容或者与材料互动的方法。比如幼儿对教育活动中的某个主题特别感兴趣,教师就可以因势利导地引导幼儿对这一主题内容进行讨论,派生出有关这一活动的墙饰、窗饰、门饰以及活动区域布置。在活动区域中投放新的玩具或材料时,当幼儿自己操作发生困难时,教师可以引导幼儿对材料的操作方法进行讨论,互相启发,共同找到解决问题的办法。

运用讨论法时要注意:

(1) 最好在幼儿已具备感性经验的基础上进行。

(2) 讨论的问题要围绕环境主题,做到目标具体明确。

(3) 在讨论中要让幼儿敢于发表自己的看法并善于倾听同伴的回答。

(二) 探索法

探索法就是让幼儿在环境中自己去发现问题并独立地解决问题,从而获得个体性的经验。这种方法在培养幼儿主动学习,形成学习的内在动机方面有重要意义。比如每年中秋节,幼儿园教师和幼儿共同收集不同结构、不同质地、不同大小、不同形状的月饼盒子,发挥奇思妙想,做成各种各样的手工作品,如用卷筒纸芯建构海底隧道等;比如在数学区投放了一组杯子,杯子上有数量不同的点,杯子里插上粗细不同、颜色各异的管子,引导幼儿按点匹配,从而促进幼儿创造思维的发展。

运用探索法时要注意:

(1) 创设的环境和提供的材料是幼儿探索力所能及的。

(2) 独立探索要与教师的指导结合起来,使幼儿的探索不断深化。

(3) 教师要帮助幼儿建立探索的事物与已有经验之间的联系。

(4) 教师要努力协助幼儿促成探索,提高幼儿探索的兴趣和质量,从而树立解决问题的信心。

(三) 操作法

操作法是教师指导幼儿动手操作,让幼儿掌握知识,形成技能技巧和习惯的基本方法。幼儿园环境中所提供的基本材料应该符合幼儿的操作水平和操作需要,要能激发幼儿的操作兴趣。操作法的运用依赖于操作材料。幼儿往往先要通过操作了解材料的性质,以此来实现自己的目的。于是,摸摸看看、敲敲打打、拆拆弄弄、粘粘贴贴、拼拼装装等各种作用于材料的方法都成了幼儿的操作行为。值得一提的是,幼儿在操作材料时,教师要养成观察和记录的习惯,只有这样才能加深对幼儿的了解,从而有目的地进行环境的改换和材料的更换。

运用操作法时要注意:

(1) 鼓励幼儿大胆动手。

(2) 对操作提出不同层次的要求,由易到难。

(3) 允许幼儿操作错误,并从中引导幼儿纠正错误。

(4) 操作的方法要多种多样,避免简单机械的操作。

(四) 评价法

幼儿园环境评价是对环境质量的评价,包括对幼儿适应环境的评价,对幼儿环境创设和互动的评价以及对环境创设效果的评价。

运用评价法时要注意:

(1) 支持幼儿按照自己的想法作用于环境。

（2）促使作用于环境的结果为幼儿所感知和体验。

（3）用启发性和互动性的方式引入新经验。

任务三　幼儿园环境教育的理论基础

倡导为幼儿创设良好的环境，注重环境与幼儿身心发展的关系，是 20 世纪以来中外许多卓越教育家的共识。他们提出的一些有影响力的教育理念与模式，都包含了对环境重要性的认识，形成了富有特色的环境理念。

一、蒙台梭利教育的环境观

蒙台梭利是意大利儿童教育家，早年是一名精神病学医生。她在研究和治疗弱智儿童的实践中，取得了显著的效果。她想："如果能使这些儿童（指弱智儿童）达到正常儿童所能达到的学业水准，那么在正常儿童教育中一定有什么可怕的错误。"她相信把自己的方法和经验用于正常儿童的教育一定会更有效，于是她就转向了正常幼儿的教育，于 1907 年在罗马贫民区创办了一所"幼儿之家"。在那里，蒙台梭利采用了特殊的教育方法，进行了举世闻名的教育实验，创造了教育奇迹。以她的名字命名的教育方法——蒙台梭利教育法传遍了全世界。蒙台梭利因此被誉为 20 世纪初的"幼儿园改革家"。

（一）蒙台梭利教育中环境观的体现

综观蒙台梭利的全部学说，她认为儿童的心理发展既不是单纯的内部成熟，也不是环境教育的直接产物，而是在环境的刺激与帮助下发展起来的，是个体与环境之间相互作用的结果。她指出，旧的教育只包括教师和儿童两个因素，对于环境是不重视的。新的教育应当包括教师、环境和儿童三个因素，三者之间彼此都应发生作用。这个环境之所以必须是"有准备的环境"，是因为现代人们的生活环境极其复杂，许多地方对幼儿并不适宜。一个孩子出生后要适应这样的世界，取得经验，就需要成人的帮助。对于 3 岁以后的儿童，蒙台梭利主张为他们提供一个能激发其活动动机的预备环境。她根据自己开办"幼儿之家"的幼儿教育实践经验，对"有准备的环境"提出了以下标准和要求：

1. 一个自由发展的环境

蒙台梭利认为，儿童只有在自由开放且没有压力的环境下，才能独立地活动，自然地表现，并意识到自己的力量，从而将自己的学习潜能发挥到极点。当然这种自由是相对自由，必须以不惊扰他人的利益为范围，对于儿童任何侵犯或干扰到别人，或者造成伤害的粗鲁行为，都必须加以制止。因此儿童也必须形成一定的行为规范。另外，蒙台梭利还认为自由的环境还体现在，儿童可以根据自己的意愿或者兴趣选择教具，选择学习的地点、时间和方式，他们既可以在教室中自由活动，也可以在教室外自由活动。此外，蒙台梭利在教学上也不提倡用比赛和奖惩制度，她认为这种威胁利诱会阻碍儿童们学习上的自由。

2. 一个有秩序的环境

一个有秩序的环境，儿童能在那里安静而有规律地生活。幼儿对于秩序感的敏感期在 2 岁时达到高峰,其后数年间,幼儿会以秩序感为中心运用智慧,进行区分、模拟的操作,将周围的事物加以内化。如果没有秩序感,一切事物将产生混乱,幼儿因而失去方向感。秩序还包括时间的秩序,也就是生活规律。儿童需要一个有秩序的环境来帮助他认识事物、熟悉环境。秩序感的变化会引起情绪的波动,有秩序的环境会使儿童的情绪稳定。当然有秩序的环境并不是说环境一成不变,而是指教师们视幼儿的需要,适时地更换,在有结构的秩序中仍可保有相当大的弹性空间。

3. 一个真实而又自然的环境

在一个真实的环境里,几乎所有的东西都是为儿童设置的,适合于儿童的年龄特点,在蒙台梭利教室里的各种设备,都是幼儿尺寸的真实物品,这样的生活用品和设备能够吸引幼儿的注意和操作兴趣,从而实现儿童智力的发展。另外,真实的环境是属于自然的一部分,因此必须设法让儿童接触自然环境,蒙台梭利让幼儿照顾动植物,与自然做最真实的接触,让儿童在林间小道活动,借此来认识和欣赏自然的秩序、和谐与美。

4. 一个营造美与温馨的环境

蒙台梭利认为美对儿童具有极大的吸引力,儿童最初的活动欲望皆因美而起。而真正的美则以简洁为基础,当然,建筑和教材的质量也很重要,蒙台梭利认为教室不应该豪华铺陈,她更侧重于从吸引幼儿的注意的角度,比如颜色、光泽、形状等方面来强调美的感受。当然,美的环境还包括师生之间,幼儿之间轻松、温暖、温馨、和谐的气氛,比如以儿童创作的作品来装饰墙面比买一些现成的海报更能引发孩子的亲切感和归属感,同时还能成为儿童学习的一种动力。

总之,一个有准备的环境,正如蒙台梭利所言:“幼儿之家”并没有什么固定的形式,而是给儿童提供了“活动和发展的一种环境”。这个环境,是一个符合儿童需要的真实的环境,是一个供给儿童活动和练习的环境,是一个充满自由和爱的环境。

(二)蒙台梭利教育中环境观对我国幼儿园环境创设的启示

蒙台梭利教育中环境观的核心就是要给幼儿提供一个“有准备的环境”,对我们当前幼儿园环境创设的启示是:

为了满足幼儿的需要及自我建构,教师需要精心筹划幼儿园环境布置,根据幼儿的不同认知水平投放材料,激发幼儿的内在需要,给予幼儿独立工作和获取经验的机会。幼儿可以按照自己的需要和兴趣选择和使用它们,使智力、意志力和个性在材料的操作中得到发展。因此,可以适当多些自由度较高的区域活动,少一些整齐划一的集体活动,让幼儿根据自己的需要自由愉快地与环境相互作用。教师则要以蒙氏理论中材料提供的原则和方法丰富我们的操作材料,使幼儿在与环境相互影响中得到提高,真正发挥环境的积极作用,强调环境对幼儿发展的作用,通过对环境的创设,尤其是活动材料的投放,实现幼儿教育的目标。

同时,蒙台梭利十分重视“软环境”对幼儿发展的作用,强调幼儿的发展是外部环境通过幼儿内在心理变化来实现的。正是幼儿教师与家长等“软环境”,促成了教具、教室、自然等“硬环境”对幼儿发展的内化。教师的作用及家长的文化素质是“软环境”的具体体现,教师及家长是幼儿心理发展和潜力激发的促进者和引导者,是造成幼儿发展差异的背景基础。蒙氏教育对教师的要求很高,她要求教师要有观察幼儿的兴趣和技能,在观察的同时记录每个幼儿的发展状况,根据不同的发展水平给予不同的指导,帮助其选用不同难度的教具,使幼儿在发展水平与教具的难易程度上找到结合点。

二、瑞吉欧教育的环境观

瑞吉欧·艾米莉亚是意大利的一个城市,自 20 世纪 60 年代以来,洛利斯·马拉古兹倡导当地幼教工作者一起兴办并发展了学前教育,形成了一套独特的与革新的哲学和课程假设、学校组织方法以及环境设计原理,人们称之为"瑞吉欧"教育体系。

(一)瑞吉欧教育中环境观的体现:

"方案教学"是瑞吉欧幼儿教育的灵魂与核心。瑞吉欧的教育工作者对学校的环境的诠释和实践远远超出我们对环境的界定,他们将环境视为"一个可以支持社会互动、探索与学习的'容器'",赋予了环境丰富而深刻的教育内涵,一切方案活动都以环境的创设为基础。

1. 环境能引发并生成新的课程主题,同时引导活动不断深入开展。瑞吉欧强调幼儿园中不能有一处无用的空间,尽可能发挥有用空间的作用。教育是否成功,有赖于环境中各个要素是否具有教育的成分,是否充分地参与到教育过程中,是否有助于互动,是否有益于幼儿在"做"的过程中知识的建构等。大到活动室、橱窗,小到走廊、拐角,教师和孩子都要一起布置主题活动的相关环境。因此,墙角、走廊和角落都是教室空间的延伸。孩子们走到哪里,哪里就成为激发他们潜力的资源。于是,环境便能引发生成新的课程主题,同时引导活动不断深入开展。

2. 环境记录活动进行的过程。环境不仅能推动课程的生成与开展,它还是最佳的"记录"方式。瑞吉欧教育体系强调,在每个活动中或活动后,教师和孩子们要一起将活动内容或实录以照片或文字图画等多种形式体现在环境上,以此来呈现主题活动的进展情况,同时也借此帮助幼儿梳理、积累在活动中获得的相关经验。

3. 开放的、多方位的环境是幼儿的第三位老师。环境作为"第三位"教师,有以下三层含义:

(1)环境是不断变化的,是动态的。瑞吉欧主张:"环境的设计变化必须按照孩子兴趣的变化而变化。"兴趣是最好的老师,如果环境能及时地表现孩子的兴趣,那么孩子们在这样动态的环境中便会不断思考、享受探索的快乐和幸福。

(2)环境是立体的。在如今的知识经济时代,现代化信息技术飞速发展。幼儿园教育环境的创设已不仅仅局限于布置墙饰、区角等物质的"硬环境",而逐渐发展为利用各种丰富多样的媒体信息(如虚拟网站)创设现代化的物质"软环境"。这使环境的创设呈现立体化。

(3)和谐平等的人文环境。瑞吉欧非常重视建立和谐平等的人文环境,主张建立一种家庭式的或社区式的学前学校,即要求幼儿的人文环境像在一个小家庭中一样温馨亲切,从而增强幼儿对环境的信任度,有助于提高幼儿的自信心。

我们再看一下瑞吉欧教育中环境创设的具体做法:

瑞吉欧教育认为环境是教育的一个组成部分,学校没有一处无用的环境,每个学校拥有一个自己的独特环境,因为每个学校的环境都是根据幼儿、家长和教师的需要创设

的,都是他们共同研究、共同创造的。主要由四部分构成:

广场:点子和想法诞生的地方。每一个教室都通向广场,广场用透明的墙壁将室内和户外连为一体。幼儿在广场可以从事自己想做的事,或为解决某个问题而寻找材料,或与同伴、老师谈话而产生某种想法。

工作坊:双手和心智探索的空间。每一个年龄层的幼儿的教室隔壁都是一间工作坊,工作坊里摆放了各种工具箱和电脑等设备。工作坊是课程整体设计的一个组成部分,是鼓励幼儿用各种"象征语言"表达世界的地方,是激发幼儿创造性的地方,是让家长了解幼儿的地方,是一个充满愉悦和祥和氛围的地方,是教师进行研究的地方。总之,工作坊是瑞吉欧教育机构最富有特色的环境,它的全面的功能为幼儿教育带来了生气和活力。

校门口:会"说话"的展示长廊。瑞吉欧的教育工作者把校门口设计成会"说话"的长廊,用每一个精心的布置向来访者、家长传达学校的概况,一目了然,形象生动,无须语言解释和说明。

教室:分隔的二、三个活动空间。为适应开放式学习的需要,每间教室都被隔成二、三个活动空间,这样有两个明显的优势:一方面对幼儿来说,在小组中有利于幼儿倾听他人和被倾听,可以让沟通更容易进行,幼儿更有机会表现自己;另一方面对教师来说,教师更有机会设计具有建构性的探索和活动情境。

(二) 瑞吉欧教育的环境观对当前幼儿园环境创设的启示

纵观瑞吉欧教育中的环境观,对当前幼儿园环境创设有如下启示:

1. 围绕着生成课程的内容来源进行环境创设。

我们可根据幼儿教育的目标和任务,幼儿当前的兴趣与需要,幼儿共同生活中的矛盾冲突,幼儿身边的人或事,社会热点话题,动植物和自然规律,意外或突发事件等生成课程的内容来源进行选材,创设环境,而不要习惯于依靠教材事先来预设环境。

2. 让幼儿参与环境,需从幼儿的视角来创设。

传统上,很多幼儿园教师在环境创设时,往往从自己的需要出发来判断环境创设的需求,幼儿的参与只是协助教师做一些手工活,有的材料是为一次或一种活动而准备的,活动结束了,材料也收走了,留给幼儿的只是一种过眼云烟般的记忆,很难引起幼儿的探究兴趣。而瑞吉欧从方案教学视角强调,从活动主题的来源、生成、发展,到最后结束都需要幼儿全程参与。因为幼儿对自己参与创设的环境有一种特殊的感受。幼儿只有在真正属于他们的环境中,才能充满自信地参与活动,说自己想说的话,做自己想做的事,积极愉快地介入主题活动的生成之中。

3. 变静态环境为动态环境,使课程朝纵深方向发展。

由于幼儿的认知、情感和探究活动始终来源于和环境的相互作用,比如有些环境信息要随着幼儿的兴趣和能力、课程内容、季节、节日及主题活动的发展而变化,因此,教师要不断提供适宜的材料,让环境随时得到补充和调整,使环境永远对幼儿保持新鲜感,保持极大的吸引力,使幼儿与环境产生积极互动,不仅要能引起幼儿观察,还要能诱发幼儿利用这些信息进行积极思考和探索,从而不断从环境中获得新知识、新经验、新发展。

三、陈鹤琴的幼教思想中的环境观

陈鹤琴先生是我国从实践角度深入系统地探索幼稚园环境创设的第一人。他在南京创建了我国第一所实验性的幼稚园,即鼓楼幼稚园。正是在这一幼稚园中,他与许多有志之士通过艰苦探索,终于形成了自己的一些理论。而有关幼稚园环境创设的思想便是其中很重要的一部分。

(一) 陈鹤琴的幼教思想中的"环境观"

陈鹤琴认为,幼稚园的课程应以儿童的环境(包括自然环境与社会环境)为中心。陈鹤琴在《我们的主张》中指出:"儿童的环境不外乎两种:一种是自然的环境;一种是社会的环境。自然的环境就是各种动植物的现象。社会的环境就是个人、家庭、集体、市廛等类的交往。"由于"这两种环境都是与儿童天天要接触的,所以我们应当利用这两种环境作幼稚园课程的中心"。总之,"大自然大社会是我们的活教材",我们应当"注意环境,利用环境"。

陈鹤琴还认为,小孩子应该有游戏的环境、艺术的环境与阅读的环境。首先,我们应为儿童创设一个良好的游戏环境。他说:"从心理方面说,小孩子是好动的,好模仿的。""游戏可以给小孩子快乐、经验、常识、思想和健康。"这种游戏环境的创设主要包括两个方面,即"适宜的伴侣"与"相当的设备"。我们应如何选择并置办设备呢?陈鹤琴认为,置办幼稚园的设备时应注意遵循以下几个标准,即儿童化、坚固耐用、合乎卫生、艺术意味、本地风光、安全与多变化等。艺术的环境主要包括音乐的环境、图画的环境与审美的环境。陈鹤琴认为,教师可以用自然物,儿童成绩,有教育意义的图画、挂图和画片布置幼稚园的环境。"不过我们用自然物来布置的时候,最好能设法改变它原有的形状,这样可以更加别致,更加有趣。"但"布置不仅要'美',还应当含有'教育'或'鼓励'的意义才好"。

陈鹤琴还深入分析了选择玩物或玩具的标准。他认为,好的玩物应符合以下标准:1.好的玩物是有变化的,小孩子玩了不容易生厌。2.好的玩物是可以引起爱和情感的,如小娃娃、猫、狗之类。3.好的玩物是可以刺激想象力和发展创造力的,如积木之类。4.好的玩物是质料优美且构造坚固不易损坏的,如木类、橡皮等。5.好的玩物能洗涤而颜色不变,形象不丑陋,是可以抒发美感的,如松香做的玩具。总之,成人应为儿童创设良好的游戏环境。

陈鹤琴认为,教师在布置幼稚园的环境时应注意遵循这样几个基本原则。首先,"环境的布置要通过儿童的大脑和双手"。其次,"环境的布置要常常变化"。再者,环境布置的"高度应以儿童的视线为标准"。这些原则体现了他"儿童本位"的思想。

最后,陈鹤琴在幼稚园环境创设的过程中始终坚持"中国化"的原则。一方面,"他重视我国民间优秀传统玩具,善于向民间艺术学习。如将民间捏面泥引进到幼儿园,成为孩子做泥工的好材料,为孩子们所喜爱"。另一方面,"他又根据中国幼教的实际需要吸收国外之精华,洋为中用。他所设计的'双人木马'就是从国外引进图纸改制的。总之,陈鹤琴在幼稚园环境创设的过程中始终坚持'中国化'的原则,即使是在吸收国外精华时也是有所改造,而非照搬照抄"。

(二) 陈鹤琴幼教思想中的"环境观"对我国当前幼儿园环境创设的启示

很显然,陈鹤琴先生根据自己多年的实践,提出环境创设要考虑教育性、丰富性、适宜性以及独特性原则,其在环境创设中提出"儿童本位"思想与当前国家层面提出的对幼儿园环境创设的要求不谋而合。2012年,教育部颁布《幼儿教师专业标准》提出幼儿教师应具备"幼儿为本"、"师德为先"、"能力为重""终身学习"的理念,在"环境创设与利用"方面做了如下阐述:"建立良好的师幼关系,帮助幼儿建立良好的同伴关系,让幼儿感到温暖和愉悦;建立班级秩序与规则,营造良好的班级氛围,让幼儿感受到安全、舒适;创设有助于促进幼儿成长、学习、游戏的教育环境;合理利用资源,为幼儿提供和制作适合的玩教具和学习材料,引发和支持幼儿的主动活动。"不难看出,陈鹤琴先生的"环境观"正在并将继续影响我国幼儿园环境创设的发展趋势,难能可贵的是,他提出的"选择玩教具的标准"更是从微观层面给幼儿园环境创设提供了非常具体的参照。环境创设的"中国化"原则,也给当前幼儿园在环境创设方面如何充分利用本土资源,走出特色之路,并最终走向国际化提出了新的思考方向。

四、人类发展生态学理论中的环境观

近年来,随着社会生态学、教育生态学、人类生态学等领域的不断深入,对影响幼儿发展的环境研究视野也在不断扩展,生态学给了我们一个新的视角。

(一) 人类发展生态学理论中的环境观

人类发展生态学是从生态环境的多层次性、多维度的联系中去把握影响幼儿发展的众多环境因素及其综合影响作用的。人类发展生态学理论建立在勒温(Kurt Lewin)及其追随者关于行为—人—环境三者关系的理论基础上。这种交互理论认为个体都以十分重要的方式影响环境,同时又受环境的影响。他们研究中最有说服力和最有价值的发现就是当儿童进入不同生活情境,他们的行为可以产生预期的变化。美国学者布朗芬布伦纳认为每个人都生活在一个生态环境中,人的发展就是"在生命的始终,正在不断生长的有机体与其所处的不断变化着的环境之间逐步的、相互的适应"。布朗芬布伦纳把人的生活环境按照与个体互动的频率及密切程度分为依次向外扩展的小系统、中间系统、外系统和大系统,这些不同层次、不同性质的环境交织在一起,对人的发展产生不同的影响。因此,我们可以认为,了解儿童所处的环境比了解儿童的各种特质能更为精确地预测儿童的行为。

(二) 人类发展生态学理论中环境观对我国当前幼儿园环境创设的启示

根据人类发展生态学对环境研究提供的视角,我们可以把幼儿园环境分为以下四个既相互独立又相互联系的系统。对学前儿童来说,与幼儿直接经常发生联系的课称为小系统,比如幼儿园班级环境、家庭环境;两个直接环境之间可以称为中间系统,比如幼儿园与家庭之间、邻居之间的关系,动植物园、游乐场等;不一定能直接参与却对成长有影响的外系统,比如大众传媒、图书馆、玩具工厂等其他社会机构;而主流文化、家长和教师的儿童观、教育观可以理解为大系统。按照人类发展生态学"生态环境"的理论,幼儿园是一个小生态环境,它与其他系统之间密切联系,相互作用,并植根于更高层次的生态环境中。因此在创设幼儿园环境时,除了考虑幼儿园本身这一小系统外,还要考虑中间系统、外系统和大系统等不同层次、不同性质的生态环境与幼儿园环境的联系。我们必须建立"大环境"、"大教育"的观念,并在实践中从环境的多样性、联系性的原则出发,正确协调好各种环境的关系,充分发挥环境在幼儿教育中的综合优势。一味陶醉在封闭的学校小环境中,是难以使受教育者具备适应社会变化所需要的素质和能力的。只有把幼儿园小环境和社会大环境结合起来,才能真正反映社会的特点和要求,让幼儿园教育焕发出时代精神。

总之,无论是蒙台梭利还是瑞吉欧、陈鹤琴,作为幼教界的典型代表,不仅关注幼儿园环境创设的普适性原则,而且都特别重视幼儿园环境创设对幼儿个体发展的重要影响。然而不得不说的是,幼儿教师作为环境创设的支持者、组织者和引导者,其本身的素质才是体现环境创设价值的关键要素。尤其是《国家中长期教育改革和发展规划纲要(2010—2020 年)》《国务院关于当前发展学前教育的若干意见》以及《幼儿园教师专业标准》等系列政策的出台之后,都将学前教育的发展提升到一个前所未有的高度,因此,无论是基于现实的需求,还是时代的召唤,都迫使我们积极应对学前教育改革浪潮的到来,幼儿教师必须全面提升专业素养,增强教师育人的责任感和使命感。环境创设能力是幼儿教师基本能力之一,需要我们高度重视,幼儿教师专业素养的持续发展才能实现,并走向未来。

【学习小结】

本章主要介绍幼儿园环境的基本问题,幼儿园环境创设的基本问题以及当前比较有代表性幼儿园的环境观,这些知识其实质仍然是教育观和儿童观的问题,幼儿教师要领会正确的教育观和儿童观,并通过幼儿园环境创设来践行我们的幼教理念,促进孩子们的全面健康和谐发展。

【思考与练习】

1. 什么是幼儿园环境? 如何理解幼儿园环境创设?
2. 简述幼儿园环境的分类。
3. 谈谈蒙台梭利教育环境观对幼儿园环境创设的启示。
4. 简述陈鹤琴的教育思想对当前幼儿园环境创设的指导作用。
5. 在幼儿园环境理论和先进的环境理念引领下,观摩幼儿园环境,试分析幼儿园环境创设的现状。
6. 观摩幼儿园环境,分析在你所看到的幼儿园环境创设和环境教育中,遵循了哪些原则,采用了哪些方法。

综合案例分析

一、案例描述:某幼儿园为了建设花园式的幼儿园,把一块原本平平整整的大场地,改造成通道弯弯曲曲,花坛、喷泉、亭子点缀其中的"花园"。你认为该幼儿园对场地的改造是否合理? 为什么?

解析思路:不合理,幼儿园环境创设要以"儿童本位"为指导思想,要符合幼儿身心发展的需要,而不能仅仅从成年人的眼光和欣赏标准出发。幼儿户外活动,需要有可供他们奔跑、追逐的场地,而改造后的场地,剥夺了幼儿户外活动的空间。

二、案例描述:下面是两位老师对活动室的布置,你觉得哪位教师的做法比较合理?为什么?

A教师:在大班活动室的天花板上,悬挂着许多与幼儿一起制作的各种颜色和形状的糖果型装饰。

B教师:让每一位幼儿自制一张写有自己姓名、年龄以及兴趣爱好等相关资料的身份证卡片,并将这些卡片挂在大班活动室的天花板上。

解析思路:B教师的做法合理。因为她的设计符合大班幼儿的心理特点,即幼儿的社会性需要开始得到发展,同时也关注每一个幼儿的需要。

三、案例描述:有的幼儿园为大、中、小班幼儿创设的角色游戏区,没有任何区别,都只是放上几把小椅子,一张小桌子、小床及其他小家具,采取"三年一贯制",角色游戏的主题与内容没有任何变化。这样的环境创设是否合理?为什么?

分析要点:不合理。因为,新颖陌生的游戏材料能引起幼儿更多的探索性行为,没有任何新颖性的游戏材料,不能引起幼儿的象征性游戏和练习性游戏的欲望。因此,教师应根据幼儿身心健康发展的需要,有目的有计划地投放材料,定期更换并逐步增加游戏材料,使新旧玩具和游戏材料保持适当的比例。

四、案例描述:有的教师为了使幼儿不出安全事故,总是限制幼儿活动,尤其是少让幼儿户外活动,你认为该教师的做法是否正确?为什么?

分析要点:该做法是错误的。幼儿园环境的安全是指幼儿园环境有利于幼儿身心健康,尽量把伤害性事件发生的可能性降低到最小。简单消极地限制幼儿的活动,不仅不能满足幼儿活动的需要,而且会束缚幼儿活动与探索的主动性与积极性,对幼儿个性的形成造成消极的影响。

【阅读链接】

① 袁爱玲.幼儿园教育环境创设.北京:高等教育出版社,2010年.

② 汝茵佳.幼儿园环境与创设.北京:高等教育出版社,2006年.

③ 杨枫.幼儿园教育环境创设与玩教具制作.北京:高等教育出版社,2006年.

《幼儿园教育指导纲要(试行)》(以下简称《纲要》)指出:"幼儿园应为幼儿提供健康、丰富的生活和活动环境,满足他们多方面发展的需要,使他们度过快乐而有意义的童年。""教师的态度和管理方式应有助于形成安全、温馨的心理环境,言行举止应成为幼儿学习的良好榜样。"这就意味着当代的幼儿教师正面临一系列的考验和挑战:如何才能在自己的工作岗位上尊重每个幼儿发展的权利,用心、用智慧深入到幼儿独特的精神世界中去,成为幼儿学习、生活、游戏的支持者、合作者和引导者,进而为幼儿营造一个鼓励提问、敢于探索、善于争论、相互学习、相互鼓励的学习、生活与游戏环境。

【案例情境】

小班刚入园时有个叫浩浩的孩子,经常依偎在王老师的身边,用小手牵着老师的衣角,就连睡觉时也要求王老师坐在旁边陪着他。他喜欢摸着老师的脸,闭着眼睛,嘴里还不停地说:"你当奶奶吧!""你当妈妈吧!"王老师通过家访了解到,浩浩特别依恋奶奶和妈妈对他的照顾,即使在幼儿园也需要这样的爱。此后,王老师总是尽量满足浩浩的合理要求,扮演不同角色,及时安抚他,他终于慢慢适应了小班的生活。

看完这个案例,你认为教师应该如何理智对待幼儿想妈妈(想家)的现象?有哪些方法?需要注意哪些方面?通过这章的学习,相信你一定会对这些问题有更多的思考。

【学习目标】

1. 知道幼儿园精神环境创设的重要意义
2. 掌握幼儿园精神环境创设的基本要求和原则
3. 学会幼儿园精神环境创设的基本方法

任务一　幼儿园精神环境创设的意义

一、幼儿园精神环境创设的意义

幼儿园精神环境包括了幼儿园人际环境和文化环境。它显现了一所幼儿园的教育理念和保教水平,良好的幼儿园环境常常能让人融入其中,体会到一种温馨和谐的氛围。

(一) 有利于幼儿缓解分离焦虑,适应幼儿园生活

进入幼儿园是幼儿从家庭生活走向社会生活的重要转折点。原本在家中备受关注和宠爱的幼儿面对一个全新的集体环境,容易因为缺乏安全感而产生分离焦虑,情况严重的幼儿可能因此而害怕去幼儿园。因此,教师要为新入园的幼儿创设良好的精神环境,帮助幼儿顺利实现家庭生活向幼儿园生活的过渡。良好的精神环境需要教师用爱心、耐心和宽容接纳每一个幼儿,从而稳定他们的情绪,帮助幼儿尽快适应并喜欢幼儿园的集体生活,使幼儿获得安全感和信任感,体验到幼儿园集体生活的乐趣。

(二) 有利于幼儿发展社会性,适应社会生活

幼儿的社会性发展需要适宜的环境提供支持,良好的幼儿园精神环境可以为幼儿提供同伴游戏、互动的机会和条件。教师有意识地让幼儿置身于幼儿园的各种人际环境之中,以民主、科学的教育形式和方法引导幼儿与同伴、与环境相互作用,通过良好的精神环境熏陶,让幼儿逐步学会怎样与同伴相处,促进幼儿完善自身个性品格中的不足,帮助幼儿理解社会规范,适应社会生活。

(三) 有利于教职员工的成长与发展

良好的精神环境有利于形成协调的人际关系,使幼儿园的教职员工更乐于从事自己的学习和工作;相反,不良的精神环境容易使人感到压抑,导致各种不良品质的形成,造成教职员工的情绪低落,养成消极的行为习惯。

二、幼儿园精神环境创设的要求

(一) 创设良好的物质环境

虽说心理环境制约着物质环境功能的发挥,但另一方面,物质环境也会影响心理环境的形成,比如拥挤嘈杂的物质环境容易引起人际关系紧张。良好的物质环境应该具有安全、舒适、卫生、实用、格局合理等特点,环境布置要做到美化、净化、儿童化和教育化。园内设备和材料应丰富多彩,能满足不同幼儿的不同需要和多种需要。幼儿在这种良好的物质环境中,才能产生积极的情感和愉悦的情绪,在自由的探索中主动去发现周围世界的奥秘。

(二) 创设宽容理解的师幼环境

《纲要》中提出:"要尊重幼儿的人格和权利。"实际上,孩子有很多心理问题是从幼儿时期形成的,如孤独感、自卑感、攻击行为等等。尊重幼儿的人格和权利,就是把幼儿当成有思想、有个性的人。幼儿的身体和心理都是脆弱的,这就需要教师的充分尊重和包容。教师的一个眼神、一个动作,都可能会对幼儿的心理产生巨大的影响。所以教

师,应该始终以宽容之心来看待幼儿的各种行为表现,不能轻易地批评孩子,也不能过分地批评孩子,公正客观地对幼儿进行评价,并要以正面激励为主,使幼儿敢想、敢说、敢探索、敢创造。同时还要特别关注那些与众不同的孩子,比如少数民族、单亲家庭、弱智残疾、外来打工、心理有障碍等方面的孩子。让他们体会到教师的关怀、信任和鼓励,为培养幼儿健康的情绪情感起到积极的作用。因此,建立一个轻松、和谐、平等的师幼关系有着极其重要的意义。

(三) 营造积极正面的集体氛围

建立良好的幼儿群体,是幼儿园精神环境创设的重要内容,它能促进幼儿个体心理的发展。所以教师应坚持正面教育的观念,使幼儿的个体才能在集体中得到充分表现,逐渐使幼儿产生自信和自主感。教师应注意引导、鼓励和帮助幼儿参加各种活动,并及时肯定他们的积极性和良好表现,这将会激发他们的主观能动性。如果对儿童的活动及活动结果要求过严,指责过多,评价不公正,甚至采取讽刺挖苦的口吻或不合理的惩罚,必然会挫伤幼儿的心灵,使他们失去信心,对自己应付周围环境的能力产生怀疑,对自己的行动或自身产生羞怯感,进而影响幼儿的身心健康发展。

(四) 建立良好的人际关系

人际关系是在社会生活实践过程中,个体所形成的对其他个体的一种心理倾向及其相应的行为。这里的人际关系主要指教师之间的关系。幼儿园具有良好的人际关系,可使教师相互尊重,和谐共事,幼儿在这样的人际关系里,能受到老师的尊重,扮演成功的角色,并尽可能地得到多方面的合理需要的满足。因此,维系良好的人际关系,对幼儿的心理健康具有十分重要的作用。

任务二　幼儿园精神环境创设的基本原则与方法

一、幼儿园精神环境创设的基本原则[①]

幼儿在幼儿时期具有很大的可塑性,在受到不良环境刺激时很容易形成行为问题和不良习惯。不过,如果教育训练或治疗矫正及时,问题也会解决。由于幼儿年龄小,生活经验少,逻辑思维水平低,所以更需要通过亲身实践来感知和理解学习内容,体验式教育更需要与之相适的教育环境相匹配。因此,为幼儿创设良好的精神环境时必须遵循以下原则。

(一) 多关注原则

关注有两层含义:一是用眼睛看某人、某事;二是关心重视,用实际行动去对待某人、某事。幼儿教师在实施多关注原则时也要做到两个层面的关注,不仅要注意到每一个幼儿的发展状况,同时也要及时地给每个幼儿提供必要的帮助。关注幼儿,还要注意以下几点:

1. 多关注"过程",不仅仅关注"结果";
2. 多关注所有幼儿,不仅仅关注少数幼儿;

---

① 袁爱玲.幼儿园环境创设[M].北京:高等出版社,2010.

　3. 多关注生活活动,不仅仅关注教学活动。

(二) 多尊重原则

尊重一词可以解释为"重视并认真对待"。尊重儿童是历史悠久的教育命题,已成为深入人心的教育信条。教师要把儿童作为与成人一样拥有基本权利的人来尊重,要在儿童发展的各个方面都给予重视并认真对待。在营造精神环境中要着重注意以下几个方面:

　1. 尊重幼儿的经验;

　2. 尊重幼儿的情绪情感;

　3. 让幼儿学会尊重,激发幼儿"内在"自尊。

(三) 多接纳原则

多接纳是一种平等公正的态度,是一种宽容博爱的情怀。作为幼儿教师在营造精神环境时,无论面对的是聪明的还是迟钝的,健全的还是缺陷的,富足的还是贫穷的,顽皮的还是乖巧的孩子,都应以平等的态度、无私的情怀去真心接纳每一位孩子。教师的不公正态度是幼儿最不能忍受的,很容易引起师幼情感对立,也不利于建立和谐的师幼关系。因此,教师在营造宽容接纳的精神环境时要考虑以下几个方面:

　1. 接纳幼儿的个体差异;

　2. 接纳幼儿的"错误"行为。

(四) 多赏识原则

赏识一词可以解释为:通过对一个人取得的成绩和优点给予表扬或赞扬,给予适当的鼓励和认可,以达到调动人的积极性的目的。可见,赏识最终是为了调动人的内在积极性。精神环境营造中的多赏识原则是以人性为基础,满足幼儿内心的高层次需要,建立和塑造幼儿健全的人格以及健康的心理,进而使幼儿得到最大程度的全面发展。因此,幼儿教师在实施多赏识原则时应注意以下几个方面的问题:

　1. 防止出现"赏识"过程中的误区;

　2. 注重幼儿的个体差异,做到"因材施教";

　3. 运用适度的赏识方法。

(五) 多支持原则

当幼儿的思想、行为以及情感得到他人的支持,特别是得到他所尊敬之人、权威之人的支持时,这不仅能使这种思想、行为或情感受到强化而增加表现的强度、频率和持续时间,还会产生愉悦的结果。所以,教师对幼儿一定要多一些支持,少一些反对。具体应做到:

　1. 保护幼儿的天性尊重幼儿的作品;

　2. 为幼儿提供有效的情感、方法和行为支持。

(六) 多互动原则

师幼互动是指发生在幼儿园内部幼儿教师与幼儿之间的相互作用、相互影响的行为及过程。虽说师幼互动的质量与教师和幼儿的特点都息息相关,但是决定师幼互动质量的主要还是教师。因此,多互动原则是指在营造幼儿园精神环境时,教师应与幼儿在有效的互动中建立良好的师幼关系,以促进幼儿身心全面发展。在实施多互动原则

时,教师应注意以下几个方面:

1. 互动的发起应从教师转向幼儿;
2. 从消极互动转向积极互动

(七) 多信任原则

心理学认为信任是由个人价值观、态度、情感交互作用的结果。精神环境营造中的多信任原则就是教师应具有平等的观念,在教育观念和态度上相信幼儿是有能力的学习者,信任幼儿,以建立良好的师幼关系。

(八) 多自主原则

自主在词典中的解释是"自己做主,自我管理,不受他人支配"。自主应是在活动中进行的,没有活动,自主也就无从体现。活动是人存在的方式,活动水平折射出人的发展水平。同理,儿童也是通过自己的活动建立和发展自己的世界。可以说,没有儿童的自主活动,就没有儿童的发展。因此,教师在实施多自主原则时应注意以下几个方面:

1. 满足幼儿自主需要,激发其学习的内部动机;
2. 合理安排活动,满足幼儿的胜任力需要;
3. 在自主探究活动中,给幼儿提供情感上的支持;
4. 利用现代教育技术为幼儿创造自主学习的机会

二、幼儿园精神环境创设的方法

精神环境是一种隐性的环境,也可以理解为一种气氛,一种感觉。一般指由人际关系、文化观念等无形因素交织在一起形成的气氛或氛围。精神环境创建的中心是建立融洽、和谐、平等、健康的人际关系。在这里具体指师幼关系、幼儿与幼儿的关系、班级教师与教师之间的关系。其中核心关系是师幼关系,它制约着物质环境的功能发挥。

(一) 师幼互动精神环境创设的方法

1. 观察询问,了解幼儿需求和情况

教师在与幼儿交往沟通的过程中,应该掌握幼儿的有关信息,教师与不同性格特点的幼儿进行沟通时,应采用不同的方式和策略。

2. 转变教师的教育主导者角色意识

有时候,教师可以像"智慧老人"一样为幼儿解答疑惑;有时候,教师可以当"问题宝宝"对幼儿提出问题,启发幼儿思考;有时候,教师可以扮"仙女魔杖"为幼儿引路,充当活动进展的引导者;有时候,教师可以是幼儿的"快乐的伙伴",共同参与幼儿的活动,充当互动过程的参与者;有时候,教师可以是个默默的"观察者",细心观察、了解幼儿独到的见解、独特的思维,引发他们的奇思妙想,满足他们的内心渴望。

3. 建立多元化的交往模式

从交往的范围看,既应有教师与幼儿群体的交往,又应有教师与个体的交往;从交往主体作用看,既有以教师为主体的师幼交往,又有以幼儿为主体的师幼交往;从交往方式看,既可以采取语言方式,也可以运用动作方式或以环境、材料为媒介的其他交往方式。

4. 正确处理师幼交往中公平与差异的关系

"如何处理师幼交往中公平与差异的关系"一直是困扰幼儿教师的疑难问题。但是,教育上的公平不是绝对的,而是建立在承认个体差异基础上的一种相对平等。教师在教育过程中,应秉持科学正确的儿童观、教育观,尽量做到平等、公正地看待每一位幼儿。

(二) 同伴交往精神环境创设的方法

1. 平衡同伴关系,提高弱势幼儿的地位。

教师应该有意识地帮助幼儿提高其在同伴中的地位,引导幼儿多用心观察那些深受同伴欢迎的幼儿都有些什么特征,初步学会基本的交往技能,合理进行情绪管理。

2. 提高幼儿交往的能力,增加交往频率。

(1) 指导幼儿学会交往,萌生幼儿的友谊感。

(2) 鼓励幼儿广泛交往,扩大幼儿的朋友圈。

(3) 引导幼儿多为同伴着想,发展同伴之间的友谊。

(4) 引导幼儿宽容同伴,保持同伴之间的友谊。

3. 教给幼儿与同伴交往的技巧与方法。

教师应教给幼儿常见的同伴交往的方式和要点,比如,与同伴交谈面带微笑、主动打招呼、关心同伴、宽容别人、尝试以积极的方式对同伴提出要求、使用礼貌用语、学会分享、耐心倾听别人讲话等等。

【学习小结】

我们认为,幼儿园环境实际上是儿童教育中潜在课程的一部分,环境创设是教育影响儿童发展的一个极其重要的途径。良好的精神环境并不是自然存在的,而是教师自发地或有意识地创设的,可见,幼儿园精神环境的创设,是丰富幼儿园教育环境,优化教学手段,提高教育质量的一个重要途径。

【思考与练习】

1. 请谈谈你在见习幼儿园中所观察到的教职工之间的人际关系,以及这种关系对日常工作的影响。

2. 假如你是一名小班的幼儿教师,你会采取什么办法缓解刚入园幼儿与父母分离的焦虑,为幼儿创造具有安全感的精神环境?

3. 当幼儿不愿意参加集体教育活动时,教师应该如何处理? 请从精神环境的创设角度来分析。

4. 某幼儿教师在幼儿园中总是对班级里相貌漂亮的小朋友极为关注,对那些长相一般的小朋友有所忽视,对此行为,她解释道:"爱美之心,人皆有之,我有这样的表现也算人之常情吧。"请对这位幼儿教师的所作所为进行辨析。

【阅读链接】

孩子们从生活中学习

如果一个孩子生活在批评之中,他就学会了谴责。

如果一个孩子生活在敌意之中,他就学会了争斗。

如果一个孩子生活在恐惧之中,他就学会了忧虑。

如果一个孩子生活在嫉妒之中,他就学会了嫉妒。

如果一个孩子生活在耻辱之中,他就学会了负罪感。

如果一个孩子生活在鼓励之中,他就学会了自信。

如果一个孩子生活在忍耐之中,他就学会了耐心。

如果一个孩子生活在表扬之中,他就学会了感激。

如果一个孩子生活在接受之中,他就学会了爱。

如果一个孩子生活在认可之中,他就学会了自爱。

如果一个孩子生活在承认之中,他就学会了要有一个目标。

如果一个孩子生活在分享之中,他就学会了慷慨。

如果一个孩子生活在诚实和正直之中,他就学会了什么是真理和公正。

如果一个孩子生活在安全之中,他就学会了相信自己和周围的人。

如果一个孩子生活在友爱之中,他就学会了关心别人。

如果一个孩子生活在真诚之中,他就学会了平静地生活。

《幼儿园教育指导纲要》提出："幼儿园应与家庭、社区密切合作,与小学衔接,综合利用各种教育资源,共同为幼儿的发展创造良好条件。"家庭、幼儿园、社区中的人文资源和物质资源对幼儿的发展至关重要,幼儿的学习范围是从自己、家庭,扩大到幼儿园以及周围的社区环境中的,也就是说,幼儿的成长与发展是从他们自身的内部世界逐渐走向外部世界的。把幼儿教育置于可持续发展的终身教育的大环境中,积极开发和利用家庭、社区丰富的教育资源,与家庭、社区紧密合作,可以为幼儿创设良好的育人环境,形成以幼儿园为主体,以家庭为基础,以社区为依托的幼儿教育新格局,促进幼儿身心全面和谐发展。

【案例导入】

王老师是一名刚踏上工作岗位的新教师,她在环境创设和家园共育工作方面,一直非常困惑。一方面,"利用家庭资源,让家长学会和孩子共同学习、成长"这个观念是她所推崇的,家庭资源是一块宝地,如何利用好这块宝地,使其发挥出更大的作用,是幼儿教师应该挖掘和探索的重点。另一方面,在实际的操作过程中,王老师在家庭资源的利用上却是困难重重。因为家长的知识水平不同,素质不同,对于老师的安排也就会有不同的看法,不同的态度。有的家长是想帮忙,却无所适从;有的家长则觉得比较烦,认为这些事情是老师的分内事;还有的家长认为这些事情是小儿科……更苦恼的是,同样的问题也出现在王老师利用社区资源的活动过程中。在理念与现实之间,王老师陷入了困境,不知道幼儿园的环境创设是否还应该大力引入家庭、社区资源,也不知道如何才能有效地利用家庭、社区资源进行环境创设,达到幼儿园与家庭、社区共育。

【学习提示】

家庭、社区资源在幼儿园教育中具有重要作用。本章围绕如何利用家庭、社区资源的问题,提出了幼儿教育环境创设中的新思路、新做法,让幼儿教师通过学习活动,了解家庭、社区资源在幼儿园环境创设中的重要价值,并运用于实践中。

【学习目标】

1. 了解家庭、社区资源的内容
2. 理解家庭、社区资源对幼儿园环境创设的意义
3. 激发幼儿教师对如何利用家庭、社区资源的思考与热情
4. 掌握利用家庭、社区资源的方法,初步学会设计家庭、社区、幼儿园资源整合的环境创设方案

任务一　家庭资源的利用

一、幼儿园开发利用家庭资源的意义

家庭资源主要是指家庭中父母、亲人等提供的人力、物力、财力和精神文化资源等。社会的发展,对幼儿教育质量要求不断提高,需要家庭、社会与幼儿园共同合作对孩子进行整合性的教育,而家庭是幼儿出生后接受教育影响的第一个场所,父母的个性品格和言行举止都将对孩子产生深刻影响。因此,在幼儿园环境创设中对家庭教育资源的开发利用意义重大,具体表现在:

(一) 利于促进教育资源的优化配置

利用家庭资源优化幼儿园的环境可以提高资源的利用率。班级环境创设所需的材料数量多、种类繁杂,教师可以利用幼儿家中的一些废旧材料,变废为宝,促进教育资源的优化配置。如在活动区域环境创设中"娃娃家"的布置,可以请家长搜集、提供幼儿两三岁以前的闲置服饰,通过老师的合理安排,为幼儿模拟创设了娃娃的"家",幼儿可以在"家"里帮助娃娃进行一系列的"生活活动"。

同时,家庭提供给幼儿园的废旧物品中,很大一部分属于半成品材料,需要经过教师或幼儿的加工才能使用,幼儿在教师的指导下,主动操作开放性的玩具和具有多种功能的材料,其价值一定大于功能单一、静态的玩具。原本废弃的材料作为一种低结构材料,在教师或幼儿的操作和改造下,可能会比购买的高结构化的玩具对幼儿的发展更有帮助。

(二) 利于拓宽教师创设环境的视角

教师作为专业人员,在创设环境时都会有意识地遵循着幼儿园环境创设的相关原则,但这并不意味着教师就不需要家长的参与。家长虽不是专业人士,但是每位家长都有其自身的职业优势以及特长,可以在参与幼儿园的活动中给教师带来更为多元化的视角。如个别教师谈到家长资源的利用时,就有感而发:"因为每个家长的角度都是不同的,家长当中有很多能人巧匠,我们根本做不出来的东西,他们就能做得很到位,很完美,不像我们老师就单一地运用纸盒或者瓶瓶罐罐,他们会从别的、更宽泛的视野去做,因为他们工作性质不同,所以他们所看到的东西、所思考的东西,就跟我们的角度不同。"可见,家长资源拓宽了教师创设环境的视角。可以说,家长资源以其独特的优势极大地丰富了幼儿园的教学资源,同时有效地弥补了幼儿园教师的专业缺陷。

(三) 利于增强教师、家长以及幼儿之间的互动

幼儿园利用家庭资源优化班级环境时,不仅促进了人与环境之间的互动,也带动了场域中各种角色之间的互动。教师与家长之间的有效沟通利于教育功能的整体发挥,而利用家庭资源优化班级环境又为家园沟通架起了一座桥梁。在沟通的过程中,教师不仅可以进一步优化环境,增强与家长沟通的效果,家长也可以借此了解幼儿园的活动,学到相关的育儿知识。同时,这也为亲子关系的发展提供了一个平台,幼儿在与家长一起搜集材料,进行亲子制作等活动的过程中,增加了与父母交流的机会,从而在这种与成人的互动交流中得到了进一步的成长。

二、幼儿园对家庭资源的利用

班级环境创设的前期经验准备,往往是从材料收集开始的。这期间,家长起着举足轻重的作用——在与孩子共同收集材料的同时帮助孩子丰富感性经验,也使孩子了解获得知识和信息的途径。教师应充分挖掘家庭的教育资源,鼓励家长主动参与幼儿园环境创设活动。家庭蕴含着丰富的教育资源,教师只要充分挖掘这些教育资源,利用其为教育服务,会取到事半功倍的效果。具体途径如下:

(一)引导家长参与环境创设材料的收集

家长是幼儿园重要的合作伙伴,更是教师开展主题活动的强大后盾,他们可以帮助教师收集到大量的主题资料,如从网络上查找与主题有关的软件资料,从书籍、报刊、画册、广告、海报中收集有关主题的文字介绍、图片、音像制品等。同时,还可以有效利用家长资源,建成主题资料信息库,丰富孩子的感性认识。而收集过程中家长与孩子的交流,又成为孩子经验积累的有效途径,使孩子能够把自己收集到的材料、图片、文字资料和自己获得的信息介绍给同伴,共同分享。如在"车子叭叭叭"这个主题中,家长和孩子共同收集了许多有关车子的玩具、图片资料等,从种类上看,有救护车、小汽车、自行车、摩托车、客车、货车、吊车等;从收集途径上看,有的是家长和孩子一起画的,还有的是家长和孩子一起从广告、汽车杂志、旧图书等上面剪来的。家长和幼儿一起把收集来的这些玩具、图片资料等布置成一个立体车库,大大丰富了幼儿对车子的感性认识。此外,在教师的引导下,家长们还主动为幼儿布置了"车展",不仅有各种各样的汽车模型,五花八门的汽车介绍,家长还为孩子们进行义务讲解,成为名副其实的"车展主人",真正实现"让孩子在环境中学习"。

案例 1

亲子活动通知单(小班)

亲爱的家长:

"收集"是孩子的一种有益的学习活动。如通过收集"洗澡玩具",您的孩子可以经历这样的思维和体验过程:

——我在洗澡时玩过哪些玩具?

——它们叫什么名字?

——找出来,啊! 这个软,那个硬;这个沉在水里,那个浮在水上。

这个月我们和孩子进行"噜啦啦"的主题活动,请您协助孩子选择1—2种最喜欢的洗澡玩具,并带到幼儿园来,向其他孩子介绍自己的洗澡玩具,说说这些玩具的玩法和自己的发现,和同伴们分享共用玩具的快乐! 此外,还请您和孩子共同收集一些与洗澡或洗澡用具相关的图片,向孩子介绍清洁身体的方法及相关用品,收集用完了的洗发水、沐浴露、洗面奶、香皂等的外包装盒或容器,一起布置我们班的"清洁吧"。

谢谢您的援助!

××班老师敬上

案例 2

　　在"动物朋友"主题中,家长和孩子在家利用各种袋子、信封、彩纸制作了一系列的动物纸偶,有可爱的小猪、憨厚的小牛、调皮的小兔子、美丽的蜻蜓等。老师利用皱纹纸、卡纸等材料制作一些花、草、树木、小溪作为背景,然后把背景和动物纸偶粘贴在大海报上,构成了一幅"动物天地",为幼儿自由编故事提供情境支持。在户外活动时,孩子们兴味盎然地举着自制的纸袋动物玩偶,玩追跑动物的游戏。而另外有一些家长,还为孩子们购买了小兔、松鼠、小鸡、小鱼等动物,在班里布置了一个温馨的动物角,鼓励孩子自己饲养小动物。

(二)充分利用家园共育平台

　　华东师范大学李生兰教授的研究显示:幼儿园在利用家长资源对儿童进行品德教育时,最常见的做法是"家长来园和孩子一起活动"(77%),其次是"家长来园旁听、观看活动"(70%),再次是"家长和教师一起组织活动"(30%);其余分别有"家长按照教师要求,给幼儿园提供物品"(23%)、"家长和教师一起评价活动"(17%)、"家长主动为幼儿园提供物品"和"家长和教师一起设计活动"(10%);而"家长来园当监督员"和"家长进班当教师"(3%)的做法均很少用到,"家长进班当保育员基本没有"。幼儿园加以运用的家长资源,无论是从物力上来讲,还是从人力上来看,都显得很不充足,没能激发家长为幼儿园提供更为丰富的物品,没有鼓励家长更深刻地体验教师的工作。幼儿园较注重家长的参与者、旁听者、观察者的作用,但家长的组织者、评价者、设计者、监督者的作用却没有得到应有的体现。由此可见,幼儿园应有意识地与家庭共建家园共育平台,以促进家园合作的开展,有效发挥家庭资源的教育作用。如构建"家园共育栏"、"家园网站"等平台。

案例 3

　　班级要开展主题活动"美丽的秋天",教师在"家园共育栏"中通知家长利用双休日带幼儿外出参观农田,观看农民的收割活动,欣赏菊花,收集稻草、橘子皮、稻谷和各种各样的落叶,拍摄农民收割、脱粒稻谷的录像等,家长们会自发地利用双休日带自己的孩子外出,帮助孩子积累一些有关秋天的感性的经验。回来后,家长和幼儿一起将看到的、感受到的信息进行整理,投放到幼儿园作为环境布置的材料。

案例 4

　　某园创建了"家园网站",家长如果有意见想与老师进行交流,可以输入自己的密码登入幼儿园的网站,进入班级主页中的家园交流一栏与教师进行交流,有的家长经常会与教师交流孩子在园、在家的表现;有的家长经常提出自己在教育子女过程中出现的难题,请求教师的帮助;有的家长经常谈及参加班级活动后的体会与大家进行分享。

（三）通过多种活动，提升家长的教育观念。

幼儿园的环境创设，不仅要在物质环境上给幼儿创设一个舒适、美感、有教育价值的"家"，还要在精神环境上给幼儿园营造一个温暖、关爱、有互动的"家"。因此，教师在关注班级物质环境创设的同时，也要在精神环境的创设上引入家庭资源。常见的做法包括：

1. 把家长请进幼儿园。让家长们在班级主题活动的进行中亲身体验"材料收集"对于幼儿主题探索的重要性。如教师在开展主题活动前，向家长展示教师所收集的一些主题材料，并借此向家长介绍这些材料的收集来源与主题用途，同时也请个别参与收集的家长介绍自己和孩子共同收集过程中孩子的发现与家长的引导。例如新生入园时的全家福照片收集、班级里全家福照片的布置、孩子在照片墙前的自主交流、全家福照片对新生情绪的安抚作用等等。这些每个家长都体验过的材料收集与环境布置，一下子就能激起家长的共鸣。教师还应有针对性地向家长介绍有关与幼儿共同收集材料的方法和注意要点，如带孩子一起收集，鼓励孩子自己发现所需要收集的物品，和孩子一起聊聊所收集到的材料，等等。当家长们了解了幼儿园的主题活动，了解了主题活动对于孩子的意义，都会乐意配合，带孩子一起参与主题材料的收集，甚至为班级主题环境的布置出谋划策。

2. 开展辨析沙龙活动。对文化层次较高的家长，为了提升他们的教育观念，幼儿园可采用家长辨析沙龙活动的形式邀请家长对幼儿教育过程中出现的突出问题进行辨析，通过交流分享，请家长充分发表自己的观点与看法，大家进行交流，达成共识，从而提升家长们教育孩子的教育观念。例如，某班教师开展了围绕"家长应怎么做才能真正了解孩子？和孩子聊天是唯一有效的方法吗？"的辨析沙龙活动，大家各抒己见，有的家长还把自己的看法打印了下来。通过辨析，大家达成了共识。会后，幼儿园还让部分教育观念存在问题的家长观摩辨析活动，让其在观摩的过程中受到启发，引起反思，从而转变教育观念。

3. 引进家长"外援"当助教。家长在社会中从事各行各业的工作，掌握各种业务技能，在内容丰富的保教活动中，幼儿园可以有针对性地邀请家长到幼儿园参加幼儿园的保教活动。例如，某班老师为了对幼儿进行更好的健康教育，特意请来了一位当医生的家长参与班级的健康活动，幼儿都觉得新鲜有趣，积极主动地提出了一个个自己平常遇到的保健问题，家长把科学专业的卫生知识结合生动通俗的语言进行讲解、演示，为幼儿解惑。在欢快的气氛中，幼儿既了解了一些科学的卫生保健知识，又愉悦了情绪，而家长也高兴地说好像又回到了童年时代，和孩子们在一起让他感到轻松又快乐，十分喜欢参与幼儿园活动。

家庭和幼儿园是影响幼儿身心健康发展的两大因素，这两大因素对幼儿产生的影响如果产生合力，就会产生"共振效应"。为了建构家园教育的和谐发展模式，幼儿园教师要围绕孩子在幼儿园的表现，经常与家长进行交流沟通，及时让家长了解幼儿的长处与不足，参与到幼儿园的教育中来，从而整合家园教育，有效地促进孩子的全面发展。同时，教师也应向家长传授一些科学育儿的观念和正确的教育方法，并根据孩子的实际情况，约定一些家长和教师共同遵守的规定或协议，让孩子的身心得到全面健康的发展。家园关系和谐,能为培养健康快乐、全面发展的幼儿提供良好、有教育价值的环境。

任务二 社区资源的利用①

社区资源指社区内所有一切物资、机构、人力、物力等有形及无形资源,包括自然环境、人文环境等资源。无论从早期的社区教育实践看,还是从今天的教育实践来看,一方面,社区内部存在着丰富的教育与学习资源,另一方面,社区教育资源并没有得到有效的开发,这主要表现在社区有形的教育资源、显性的资源和教育机构的教育资源开发的力度还不够,开发的程度也不尽相同,尽管人们已经意识到了它的重要性,但有的还未开发或刚刚起步,尚存在许多问题。只有经过开发和合理的利用,才能成为有效的教育资源。

一、幼儿园开发利用社区资源的意义

(一)适应世界幼儿教育事业发展的需要

联合国教科文组织提出:"加强学校和地方社区的联系应成为使教育和其环境相依为命发展的主要方法之一。"处于教育基础阶段的幼儿教育,应该主动与社区架设各种桥梁,使幼儿的活动与社会生活紧密结合,形成一体化的育人机制。例如,在瑞吉欧教育体系中,家庭和社区所起的作用就是显而易见的,可以说整个瑞吉欧教育体系就是一个幼儿园、家庭、社区共同组成的"教育社会"。在其中,幼儿园、家庭、社区作为主要部门,都把对儿童的教育作为自己的一项日常工作,以孩子为中心,相互信任、密切合作、协调工作,儿童教育成了社区人们生活的一部分。

(二)适应我国幼儿教育现实的需要

幼儿园、家庭与社区作为幼儿生活和发展的三大主要资源,其重要性正逐渐被人们认可,但在实践活动中,还存在一些问题:家园活动的开展往往流于表面形式,内容单一,没有能够很好地挖掘合作教育的内涵与价值所在;教育资源的浪费既有幼儿园现存的师资、设施设备的浪费,也有家庭与社区自然资源和人文资源的浪费;三种教育力量常常是孤立而分散的,难以优化整合。因此,教师应有意识地整合幼儿园、家庭与社区资源,合力共进,使幼儿真正走出课堂,走出幼儿园,投身于充满活力的现实生活之中,受到更为丰富实在的教育,培养幼儿学习的主动性、创造才能,完善幼儿人格。

(三)适应幼儿自身发展的需要

个体作为一种文化存在,它首先必须是社会的存在。人不可能脱离社会、脱离他生长的社会群体而独立成长。影响的重叠圈(Overlapping Spheres Of Influence)理论告诫我们,幼儿园不仅不能与家庭分离,而且还要与家庭交融。如果幼儿园"和家庭与社区进行很少的交往和互动,那么就会使直接影响儿童学习和发展的三股力量相对分开";如果幼儿园与家庭和社区"进行许多高质量的交往和互动,那么就会使这三种影响力拧成一股绳";如果幼儿园与家庭和社区之间进行频繁的互动,那么就会使更多的儿童更

---

① 陈虹,杭梅.保教知识与能力[M].长春:东北师范大学出版社,2011.

可能地从各种各样的人那里获得有关要努力学习、要发展创造性思维、要互相帮助等信息。

(四) 适应社区教育发展的需要

幼儿园、家庭、社区三方应发挥自身的优势,进行人力资源与物质资源的优化与互补,积极提供对方所需要的服务。幼儿园是专门的教育机构,幼儿教师懂得儿童身心发展的特点和规律,应将科学的幼儿教育方法推广到家庭教育与社区教育中。在教育越来越强调生态化的今天,家、园、社区三方的合作是一种必然的趋势,既有利于幼儿园统一培养目标,加强教育效果,实现教育在时空上的紧密衔接,在管理中汇聚更丰富的智慧与教育资源;又有利于家长、社区了解教育、参与教育,促进家庭、社区对幼儿园各项工作的理解与支持,提高保教质量;还有利于资源的有效整合与利用,以弥补教师在知识、技能方面的不足,从而促进幼儿园在有限条件下实现新跨越。

二、幼儿园对社区资源的利用

(一) 利用社区的地域环境优化幼儿园教育

社区的地域环境主要指的是社区的地理环境、资源环境和人工环境等。优越的地理环境、丰富的资源环境和独特的人工环境毋庸置疑都是幼儿园应该加以利用的宝贵资源。

1. 幼儿园在利用地理环境的时候,要考虑社区的地理位置、地形地势和气候特征等因素。在沿海地区,教师可选择一天的不同时间,带领幼儿去观看海浪的变化,在海边玩沙戏水;在丘陵地区,教师可利用当地的小山丘,开展各种体育游戏活动,如组织幼儿进行奔跑、爬山比赛;在四季分明的地区,教师可随着季节的更替,适时带领幼儿到社区中去走一走、看一看,指导幼儿用自己的眼睛去发现季节对人的行为有什么影响等等。

2. 幼儿园在利用资源环境的时候,应考虑社区的水资源、土地和矿物等因素。如果附近有水厂,教师可组织幼儿去参观,使幼儿认识到水的来源、净化、输送、饮用的全过程及污水处理问题等,体会到水的来之不易,萌发节约用水的意识。例如,教师可组织幼儿到附近的森林去观赏,摸一摸、抱一抱自己喜欢的树木,和树木比一比身高,为树木画一张像,和树木一起照张相,促使幼儿深刻领会人与自然的关系。或者,教师可在了解建筑物的类型的基础上,在实地考察的过程中,和家长、幼儿一起尝试着对各种建筑物进行分类,看看它们主要是属于欧洲型(如有大广场、大教堂)的,还是亚洲型(如有宫殿、宅院)的、中东型(如有伊斯兰教大清真寺、集市、商场)的等等。

(二) 利用社区的人口环境优化幼儿园教育

1. 充分利用社区的各类群体。例如,在爱家乡的教育中,请社区中的老人到幼儿园给孩子讲讲新旧城市发展变化的故事;请社区中的高级知识分子参与幼儿园的议教、评教活动,倡导他们多为幼儿园出谋划策等等。

2. 充分利用社区的各种场景。教师可以有计划地组织好参观小学的工作,尽早为幼儿做好进入小学的准备工作;也可结合消防安全教育主题活动,带领幼儿参观消防队,了解消防员工作、消防装备、消防环节等,增加幼儿对消防安全的感性认识;还可以带领幼儿去访问社区中的工作人员,如保安、邮递员、清洁工等,在访问的过程中,引导幼儿了解社区中不同岗位的工作内容和贡献。

(三) 利用社区的文化环境优化幼儿园教育

幼儿园在发挥社区文化环境的教育功能时,要注意协调好以下几种文化之间的关系:

1. 处理好物质文化与精神文化之间的关系。随着人民的生活水平在不断提高,改善物质生活的场所越来越多,注重精神生活的家园也层出不穷。幼儿园一方面要选择时机,增加幼儿对社会生活中常见的美发院、美容院、按摩室、桑拿室、健身房、茶馆、咖啡屋、酒吧等的认识,另一方面还要加大力度促进幼儿对书店、图书馆、博物馆、影剧院、美术馆、科技馆、电脑屋、少年宫等文化场所的理解。

2. 处理好传统文化与现代文化之间的关系。相对来讲,传统文化具有较强的区域性、民族性、历史性和稳定性,而现代文化则具有较强的世界性、共同性、综合性和现代性。所以,教师要积极应对这两种文化之间存在的矛盾和冲突,汲取两者的精华,促使两者的互补和结合。例如,当社区里的腰鼓队、木兰拳队、太极拳队、龙舟队在进行表演时,教师可带领幼儿前去观赏;当社区里组织居民进行插花、弹钢琴、跳交谊舞、电脑打字、英语小品比赛时,教师也可指导幼儿参与比赛。

3. 处理好东方文化与西方文化之间的关系。相对来讲,东方文化强调共性,具有整体性强、礼仪性多、艺术性高的特点;而西方文化则强调个性,具有竞争性强、实效性高、自由性大的特点。东西方文化都通过饮食、服装、乐器等不同的媒介折射出来。为了促进幼儿对不同文化的认识、理解、尊重、宽容和接纳,教师既可以带领幼儿对比着参观面条店及水饺店、肯德基店及麦当劳店,鼓励幼儿说说中餐店和西餐店的异同点,也可以指导幼儿对比着观看二胡及古筝、钢琴及小提琴,启发幼儿讲讲中国民族乐器和西洋乐器有什么异同点。幼儿园应全面整合、充分利用社区的不同资源,提高幼儿园教育质量,促进幼儿的全面发展。

【学习小结】

本章内容旨在引导学生树立大教育环境观理念,明确在幼儿园教育的基础上,如何提高家庭教育、社区资源的参与性,增强幼儿园教育的开放性;协调家庭、社区等各种教育力量,扩展幼儿生活和学习的空间。家庭是幼儿的第一所学校,社区是幼儿的学习和生活环境,它们蕴藏着丰富的学习资源。这三项因素是相互作用、相互依存的,任何教育问题的产生都不是其中某单一因素所导致的,其解决也非某单一因素所能独自完成的。家庭、幼儿园和社区作为儿童教育过程中的三大重要影响因素,它们之间的合作具有重要意义,幼儿园、家庭、社区的教育能够优势互补,有利于教育资源的充分利用,协调相关的社会群体力量,统整各方资源,形成教育合力,促进儿童健康的发展。近年来,人们已逐渐认识到这一点。美国、英国、加拿大等许多国家都将家庭—幼儿园—社区合作作为教育改革的重要组成部分。可以说,家庭—幼儿园—社区的合作是当今教育改革的一个世界性趋势。

【思考与练习】

项目一：设计家园合作创设环境的邀请函

项目二：设计幼儿园与社区资源互动的活动方案

【阅读链接】

亲子活动记录单

小朋友，你见过沉浮现象吗？你知道在我们生活中有哪些蔬菜水果在水中是沉下去的？又有哪些是浮在上面的？请你先猜一猜，再试一试，然后和家长一起把结果记录在下面的记录表上。(沉的用"↓"表示，浮的用"↑"表示。)

蔬菜水果在水中的沉浮实验对照表

蔬果名称	我猜(沉↓浮↑)	做做看(沉↓浮↑)

后记：孩子们在家长的帮助下做完实验，完成记录表后，贴在班级的主题墙上，并向同伴介绍自己的实验结果。一些有心的家长，还为孩子的实验拍摄了照片，这样，孩子们在讲述的时候，就更加生动，而班级的主题布置，也显得更加充满情趣。

每逢九九重阳节，孩子们带着特意准备好的食品、亲手制作的小礼物和丰富多彩的文艺节目，到老年公寓慰问爷爷奶奶，向他们送去礼物。小小的礼物、真挚的祝福、充满童趣的表演，给老人们带来了欢乐。孩子们与爸爸妈妈带着食品和礼物去看望自己的爷爷奶奶、姥姥姥爷，化解了家长和老人之间的矛盾，拉近了亲子关系，增进了家庭和睦，萌发了孩子们尊老爱老、关爱他人的积极情感。

幼儿园室内外环境的规划及创设

引言：走在街道上，色彩鲜艳、富有特色、充满童趣的围墙和大门会让人们马上辨认出这是一所幼儿园；从大门进去，幼儿园的门厅、走廊、楼梯、拐角、地面等位置无一不在展示着幼儿园的园所文化；进入活动室，墙饰、生活用具、各种教具在无形之中引导着幼儿的生活和学习。因此，可以说：幼儿园的公共环境处处都在体现着教育的寓意。

幼儿园公共环境是指幼儿园空间范围内的所有环境的总和。它不是随意设置的结果，而是根据教育目标，着眼于幼儿身心发展的需要而精心规划和创设的成果。幼儿园公共环境的创设需要考虑到其功能性、教育性、美观性、适用性。室内的空间环境不同，布置的具体要求也有所不一样。本章节主要探讨各不同空间内规划和创设的一般要求。

【问题情境】

图 4-1

仔细观察这张幼儿园设计效果图，在上面你看到了幼儿园室内外环境的哪些部分？思考对幼儿园的每部分室内外环境在创设时，会有怎样的要求？

【学习提示】

上图中，由于图片篇幅的限制，展示得更多的是幼儿园的室外环境，具有典型的幼儿园户外公共环境规划特点。你能进行总结吗？在图片中未能展示的幼儿园公共环境中，还有哪些部分呢？

【学习目标】

理解幼儿园公共环境的概念和基本构成

理解幼儿园户外公共环境规划的基本要求

掌握幼儿园室内公共环境创设的内容和要点

能对幼儿园室内外环境创设实例进行评析

能制定幼儿园室内公共环境创设方案

任务一   幼儿园公共环境概述和基本构成

一、幼儿园公共环境概述

公共环境主要是相对于建筑室内环境来说的,指户外空间和场所。幼儿园公共环境主要指非专属于特定幼儿或教师的活动场所,更多地指大部分幼儿、教师、家长能够进入并进行活动的场所。

幼儿园内所有的设施、设备、物质、材料、规划等都应体现幼儿的需要。因此在幼儿园里,教育者和管理者会最大限度地利用所有室内外空间,为幼儿创设良好的环境,以达到更好的教育效果。事实上,幼儿园公共环境的创设不是硬件设备的堆砌,更是能够体现教育者办园理念、课程现状及师生互动情况的过程。幼儿园的公共环境奠定了幼儿园的整体风格。

《幼儿园工作规程》第十三条规定:"幼儿园的园舍应当符合国家和地方的建设标准,以及相关安全、卫生等方面的规范,定期检查维护,保障安全。幼儿园不得设置在污染区和危险区,不得使用危房。"[1]选址方面,幼儿园的园址应该选择在居民区,以方便学前儿童入园。幼儿园所在的地段应具有清新的空气、充足的阳光和较好的绿化,比较少设置在工业区或交通繁忙的商业区。为了减少危险性,幼儿园园舍应离街道边线15—20米以上。园内场地应该平坦,水位较低,有足够的绿化、体育活动、户外活动和休息的场地,不得有高压线穿过。

园所内各部分的设置不仅要符合美观舒适的要求,还应充分体现"以幼儿发展为本"的教育思想,考虑到安全性、美观性、实用性以及教育性,让幼儿一进入幼儿园环境就能感受到舒适愉悦,在潜移默化中感受到美,受到美的启迪。

二、幼儿园公共环境的基本构成

幼儿园公共环境主要由户外公共环境及室内公共环境两部分构成。户外公共环境包括园门及围墙、园区绿化、户外活动场所,室内公共环境主要包括门厅、走廊、楼梯、活动室、生活区。

任务二   幼儿园户外公共环境的创设

一、园门及围墙

园门及围墙是幼儿园对外界的"名片",也形成幼儿对于园所的第一印象。一般来说,园门上应有幼儿园名称,方便人们辨认幼儿园,园门和围墙应简朴庄重,具备保护幼儿的功能,同时可以考虑用轻松活泼的颜色吸引幼儿注意,也可以在大门和围墙上描绘上可爱的形象以体现幼儿园特色。

园门两侧要展示幼儿园的名字,也可以恰当展示幼儿园的级别、办园理念、特色介

① 中华人民共和国教育部.幼儿园工作规程[Z].2016,北京.

图 4 - 2

绍或相关荣誉等,使人们在门口就能对本园有初步的直观的了解,产生良好的印象。

　　如图 4 - 2 中的园门外形像精致可爱的蘑菇,充满天真童趣,颜色搭配较活泼鲜艳;园门中的围栏方便幼儿和家长出入,又能够很好地保护幼儿安全;幼儿园名字醒目清楚,人们很容易就可以知道幼儿园的属性。当然,如果旁边有标识牌展示幼儿园的级别和办园理念,应该会更丰富一些。图中幼儿园的围墙造型也颇具特色,每根柱子做成彩笔的造型,墙面上绘了丰富多彩的造型,体现了幼儿的审美特点。

二、园区绿化

　　绿化带可以净化空气、美化环境、防止水土流失。幼儿园内绿化应包括树、草坪、区角植物等三部分。

　　在树的种植上,常绿树和落叶树可以各种植一部分,使幼儿园环境常年都有生机盎然的感觉。草坪应该足够宽,草的质量应有保证,使孩子能够在上面自由奔跑和玩耍。区角植物例如盆栽、植物角、小花园等,应尽量种植多种类型的植物,特别是与幼儿园课程相关的植物,能够帮助幼儿更好地认识、观察、了解这些植物。

　　花草树木的种植要考虑一定的层次,例如在靠墙的长花坛上,最里面应种长得高的植物,中间的稍矮些,外面一层更矮,近脚边的地方种上形如韭菜的沿街草,这样就能更好地欣赏植物。有条件的幼儿园要建造花廊,撑起架子,上好油漆,周围种植攀援植物如金银花等,使幼儿有休息、活动的场地。

　　幼儿园的绿化还应与当地的地理位置、气候、时节相结合。如北方会更多地种植杨树、柳树或苹果等树,而南方有可能会种植棕榈、椰子、芒果等树种。这样的安排不仅能营造绿化环境,还能有利于幼儿的科学学习。

　　图 4 - 3 中的绿化植物包括高大的柳树、修剪成圆形的灌木、整齐的草坪,既保证了幼儿的活动安全,又提供了树荫,还能够让幼儿认识一些树种。

三、户外游戏活动场所

　　《幼儿园工作规程》第三十五条规定:"幼儿园应当有与其规模相适应的户外活动

图 4-3

场地,配备必要的游戏和体育活动设施,创造条件开辟沙地、水池、种植园地等,并根据幼儿活动的需要绿化、美化园地。"①户外游戏活动场所是幼儿园里孩子们最喜欢的地方之一,幼儿园可以按照其功能将其划分为以下区域:

1. 大型玩具区

主要是指攀登架、滑梯这样的大型组合玩具和秋千、跷跷板、转椅这样的中型玩具区,如果户外空间较大,可以设立在任一空间,相互之间要有距离,并在幼儿出口着地处铺设软垫;如果幼儿园户外空间不足,可以考虑把几种功能的玩具集于一体,并和沙池组合在一起,节省空间和成本。如图 4-4,是一个典型的幼儿园大型玩具区,地面做成草坪有利于保护幼儿安全。利用大型玩具幼儿可以练习钻、爬、跳等动作,提高身体灵活性和协调性。大型玩具一般是全园幼儿都能够玩的,所以最好能够满足不同年龄不同水平幼儿的活动要求,如滑梯有不同坡度和弯道。

图 4-4

2. 集体运动区

幼儿园需要一块较宽敞的、平坦的空间,在这个空间上可以开展集体游戏,也可以开

---

① 中华人民共和国教育部.幼儿园工作规程[Z].2016,北京.

辟车道,或者可以独立出各个班级的软游戏区。这样的游戏场地面,要求经济条件较好的幼儿园可以全部软化,如铺设塑胶地面或人造草坪,也可以有部分自然草坪;没有条件的幼儿园就保留土质地面,不要用水泥或砖块硬化(不利于保护幼儿),除非是专门的车道。

集体运动场地还要开展各种各样的游戏活动,利用率很高,尤其是小型自制玩具的游戏,如玩风车、玩沙包、玩飞碟、走莲花桩、玩轮胎、玩球等,所以,最好在活动场地四周为每个班设计一个玩具储藏室。

集体运动场地的四周最好栽种高大的乔木,为幼儿夏季游戏提供绿荫。

如图4-5的集体运动区,幼儿可以在这一空间开展多种有创意的活动,同时这些活动区的材料是方便搬动和调整的,还可以按照幼儿活动的需要随时调整玩具材料,以弥补大型玩具变化相对少的不足。

图4-5

3. 攀爬区

小孩子都喜欢攀爬,尤其是中大班的幼儿,所以户外公共场所应该尽可能为幼儿设计1—3个攀爬区。比如可以在墙面设计横向攀岩,在绿色长廊设计软索爬梯,在草坪上设计轮胎爬墙、软索爬墙等。如图4-6中,一种是采用攀岩点的方式,一种是采用爬梯的方式。不管哪种方式,幼儿园的攀爬区要注意安全的保障,因此一般高度不会太高。此外,要有不同水平的材料布置,能够适合不同能力的幼儿挑战,同时下面以草坪或沙池进行保护,攀爬时有相应的安全保护措施。

图4-6

4. 长廊

长廊可以连接室内与户外，也可以连接户外多个游戏区；可以变成夏季绿荫长廊供幼儿嬉戏；也可以在长廊设计爬索、吊挂幼儿跳高摸的物品；还可以在长廊设计休闲长椅、石桌等。如图4-7的露天木长廊里，有幼儿可以攀爬的玩具，也有可以捶击的沙包。

图4-7

5. 玩沙区

幼儿喜欢玩沙，因为沙子富于变化，所以可以天天玩，年年玩。幼儿园应该根据人数的多少设计几个不同规格的沙池，边缘可以用轮胎进行软化处理，轮胎还可以提供给幼儿一个走平衡的好场所。沙池四周最好有高大的树木，夏季能提供树荫。如图4-8中的两个沙池，虽然面积有区别，里面的设备也不同，但都是提供给幼儿玩沙的场所。

图4-8

6. 玩水区

玩水区可以和玩沙区相邻。玩水区要有水龙头和储水设备。条件较好的幼儿园可以设计游泳池、喷泉、鱼池等不同的玩水区；条件一般的幼儿园可以设计简单的长条形玩水池，紧邻玩沙区，既可以为沙池供水，也方便幼儿玩沙后洗手。图4-9中的玩水区属于面积较小的玩水区，只在户外放一个盆。

图 4 - 9

任务三　幼儿园室内公共环境的创设

幼儿园室内公共环境是指非专门为某部分教师或幼儿活动的室内场所,是幼儿园所有成员都可能经过的区域,包括门厅、走廊、楼梯、公共活动室、生活区等。

一、门厅

每一天,幼儿、家长、老师都要经过幼儿园的门厅。可以说,门厅是幼儿园的集散地,是幼儿园面向家长展示特色的窗口,是幼儿园整体环境创设的灵魂所在,代表一所幼儿园的教育理念和教育品位。一个创意独特寓意深刻的展示墙,不仅创意、用色、造型均具有自己独到的思考,更重要的是可以把幼儿园的教育理念和文化加以提升和巧妙融入,使展示墙既美观漂亮又具有文化内涵和深刻含义。门厅的装饰也可以根据季节或幼儿园的活动主题进行调整。

设计门厅,要注意整齐、大方、美观。墙面可以采用幼儿喜欢的卡通形象或色彩明亮的风景画作背景,也可以提炼幼儿园的教育理念和宣传口号展示在墙面上。门厅的地面可以加上装饰性图案或指示性标牌。如图4-10中的门厅,颜色柔和协调,整体简洁大方,方便出入,又能够展示幼儿园的一些信息,很好地体现了门厅的功能。

图 4 - 10

二、走廊

走廊是幼儿和教师每天要经过的场所,也是很好的放置物品的场所。幼儿园可以购买低矮的鞋柜在教室门口的走廊上用于放置幼儿的鞋子,可以在走廊上张贴与最近活动主题相关的一些知识卡片方便幼儿认识,可以在走廊上设置"家园合作栏",还可以张贴幼儿的美术作品。

走廊还可以结合本时间段的活动主题,采用废旧材料制作成各种悬挂物,进行美观大方的展示。需要注意的是,悬挂物应至少高于幼儿三个头以上,以不妨碍室内采光和幼儿活动为宜,还应考虑到色彩协调,与主题一致。

如果走廊比较宽敞,则可以利用走廊的部分空间进行区域活动,或者设计成为各班级的功能区。如图 4-11 中,走廊为幼儿作品的展示区,或者作为幼儿放置生活用品、进行区域活动的小场所,都很好地利用了起来。

图 4-11

三、楼梯

幼儿园楼梯需要符合幼儿的身体特点,每一个台阶最大高度 0.15 m,最小宽度 0.26 m,楼梯应有扶手。楼梯旁边的装饰应与幼儿的兴趣和需要结合,楼梯上可以布置一些帮助幼儿掌握数数或者认识形象的图片等。

对楼梯进行布置时,首先要注意的是不妨碍楼梯的功能,不用过大过复杂的物体阻碍通行;其次在装饰安排的上,最好是能够近距离欣赏的一些图片或文字,形象不要过大,以幼儿适宜观看为度;还要考虑各个设置之间的整体性,如有些楼梯上有窗户,则可以在两窗之间安排一些相互间有某种联系的装饰。如图 4-12 的台阶上,用比较直观具体的形象对应数字,让幼儿能够在上楼梯的时候同时直观地认识数字。

图 4-12

四、公共活动室

公共活动室是幼儿生活、活动的主要场所。公共活动室应配置盥洗室、厕所、挂衣室、储藏室和卧室等。按我国国家建设委员会规定的建筑设计指标，每名学前儿童应占2.5平方米的面积，活动室室内净高不低于3.3米。幼儿园的公共活动室按功能分为多功能活动室、专用活动室和班级活动室三种类型。多功能活动室一般是幼儿园大型活动室，可供开展音乐、体育、游戏、观摩、集会及陈列幼儿作品等活动。专用活动室是具有特定功能的活动室，如美术活动室、电脑活动室、图书室，这类活动室一般面积较小，功能较单一。图4-13左为多功能活动室，右为专用活动室。图4-14左为电脑室，右为图书室。

图4-13

图4-14

在班级活动室的布置上，首先要规划各活动区域。幼儿园活动室应该规划的区域有：学习区域、生活区域、自由活动区域。学习区域主要用于幼儿进行集体教育活动，应配备足够数量的桌椅和各类玩具；生活区域包括盥洗室、卫生间、小饭桌等；而自由活动区域主要用于幼儿进行各领域的自由探索，应投放符合幼儿兴趣和年龄特点的材料。

活动室的布置包括墙饰设计和活动区域设计，本书后面将具体讲到墙饰和活动区域设计的方法。

五、生活区

幼儿园生活区主要用于幼儿睡眠和盥洗。有的幼儿园将生活区和班级活动室分开,设有专门的寝室和洗手间,有的幼儿园则将幼儿的睡眠区与活动室设置在一起。一般来说,生活区的布置应卫生、干净、整洁、舒适,色彩柔和,形式简洁。如 4 – 15 左图的睡房,整体布置比较素雅简洁,能够减少对幼儿的刺激,方便幼儿快速入睡;右图的幼儿卫生间,高低大小以幼儿为本,干净整洁最为重要,能够满足幼儿的盥洗需要。

图 4 – 15

任务四   幼儿园公共环境创设技能实训

幼儿园户外公共创设实例的比较与评析

【实训目标】

  1. 增强对幼儿园户外公共环境创设实例进行比较和评析的能力;
  2. 增加对幼儿园户外公共环境创设的理解,提高运用能力;
  3. 获得初步的教育比较研究的能力。

【内容与要求】

  1. 请比较以下两组幼儿园户外活动场地实例,说说哪一个更符合幼儿园空间环境创设要求。

例一: 例二:

  2. 分析这两种户外活动场地可能对幼儿活动产生的影响。
  3. 分组讨论,设计一个方形户外活动场地的布置图,在班级面前展示。

【学习小结】

幼儿园公共环境主要指非专属于特定幼儿或教师的活动场所,更多地指大部分幼儿、教师、家长能够进入并进行活动的场所。幼儿园公共环境主要由户外公共环境及室内公共环境构成。户外公共环境包括园门及围墙、园区绿化、户外活动场所,室内公共环境主要包括门厅、走廊、楼梯、活动室、生活区。各部分的设置应遵循相应的要求。

【思考与练习】

1. 幼儿园公共环境包括哪些部分?
2. 幼儿园园内绿化包括哪几个部分?
3. 幼儿园户外场地可以分为哪几个区域?
4. 幼儿园的走廊布置可以怎样进行?
5. 幼儿园活动室有哪几种类型? 设置时分别应符合什么要求?
6. 请按照本项目内容要求,分组设计幼儿园户外活动场地布置图。

【阅读链接】

(1) 实例讨论卡

事故的主要原因是器材引起的吗?

幼儿园操场的草地上新安装了一套木制的大型组合运动器材,具有钻、爬、攀、滑、悬吊、跨越、走平衡、抱杆下滑等近 10 种功能,其中局部设施的运动功能很有挑战性,幼儿需要一定的勇气和技巧才能进行游戏。

一天早上晨练时,在幼儿的一再要求下,大一班的王老师终于同意大家去那里玩一次,因为一个月来,许多班级都分别去那里玩过,还没有听说哪个班级的幼儿出过事。幼儿欢呼着跑向那套组合型运动设施,有的爬上了攀登架,有的从竹排坡面向上爬,有的沿着滑梯的梯子往上走,有的登上了晃梯。一会儿,五六个幼儿一起到了一根粗粗的吊绳前,吊绳上打了若干个结,便于幼儿抱住绳子晃动或下滑,可以托住双脚。元元第一个抓住了吊绳,晃了两下就下来了,第二个是强强。"快点啊,快点跳啊!"看到强强有点犹豫,后面的幼儿大声地催促着。强强慌张之下没抓住绳子双脚就离开了踏板,一下子摔了下来,结果骨折。

玩了不到 10 分钟,幼儿就闯了祸,历来十分谨慎的王老师非常后悔,她说:"我从来都小心翼翼地保护孩子们,每次户外活动总是把幼儿集中在较小的范围内,集中在老师视线之中,并尽可能少用器材,不敢让幼儿做稍微有危险性的活动,但防不胜防啊。"

讨论:1. 请你找出上述事故的主要原因和预防措施各三项。

　　　2. 请分析王老师说的这一段话。

(2) 资料库

怎样的户外场地最有利于幼儿开展游戏?

游戏场地应当能诱发幼儿开展多种不同的游戏,能刺激幼儿多样化的经验,使幼儿能长时间保持浓厚的兴趣。因此,游戏场地应当是有吸引力的,即不仅场地上的设施丰富多样,有大小不一的设施和器材,有固定的位置,有可移动的物体,而且场地本身也应富有变化,有平地、坡地、阶梯、窄道等;还要有需要保持平衡的、需要跨越的、需要变化速度的,以及有利于建构的各种场地。此外,有些平地上还可以画上一些规则游戏所需要的线条、格子和图案。总之,幼儿来到这样的场地上,不用教师组织和安排,就能自发地开展各种类型的游戏。应该说,越有利于幼儿自发开展游戏的场地,越具有学习的潜在价值。

绿化达标率与游戏场地过小之间的矛盾如何处理?

在绿色的大自然中游戏能给幼儿带来各种有益的体验,都市里的幼儿远离了大自然,因而幼儿园的绿化就显得极其重要。但问题是许多幼儿园的户外场地并不大,作为幼儿的游戏场地本来就极其珍贵,仅为观赏的绿化却又占用了幼儿游戏的场地,大大减少了幼儿园户外游戏的机会,这是很遗憾的。我们认为幼儿园的绿化与幼儿的发展不应该成为矛盾,而应当让绿化本身成为幼儿游戏的场地特征,让绿色的植物为幼儿的互动和游戏增添情趣。例如,种植迷宫小树丛(低矮的瓜子黄杨)可让幼儿捉迷藏,留一片野花野草地(如野菊花、狗尾巴草等),可让幼儿在斗草、采集中获得新的经验。

墙饰是指教师与幼儿在幼儿园活动室、寝室、走廊、围廊等墙面上进行的符合幼儿生活、游戏和学习的装饰和布置，是幼儿园建筑空间的美好创意。它不仅是幼儿最关注的地方，还是幼儿知识延伸、兴趣萌发的场所，它也可以增添幼儿园欢乐亲切的气氛，陶冶幼儿美好的心灵。一面好的墙饰，是一幅美好的图画，一个有趣的故事。

幼儿园墙饰是幼儿园环境创设的重要构成要素，也是展示园本文化的重要途径。幼儿园墙饰设计是一种手法多样的综合性壁面装饰艺术设计。它涵盖了绘画、雕塑、壁饰、民间工艺、设计构成、抽象艺术等多种表现形式，是顺应学前儿童身心发展规律，集教育性、艺术性为一体的墙面环境装饰设计。

【问题情境】

在幼儿园墙饰创设中，常常会看到老师们在进行班级的环境布置时，通过粉刷、粘贴等各种手段把墙面布置精美，画面栩栩如生。

图 5-1   图 5-2

这种过分注重视觉的欣赏，用教师包办苦心换来的墙饰，只是美化幼儿园的活动环节以供观察者欣赏和评判教师的美术水平而已，它虽然能引起幼儿短暂的关注，引起家长短暂的欣赏，但不能激发幼儿学习活动的兴趣，更无法促进幼儿的发展。你认为上图5-1，图5-2两幅幼儿园班级墙面环境设计存在着哪些问题？

【学习提示】

幼儿园墙饰在幼儿教育中具有重要作用，本章围绕如何设计和利用幼儿园墙饰问题，提出了幼儿园墙饰创设的新思路和具体操作要求，即树立整合理念，凸现主题背景，充分发挥幼儿的自主性，增强环境的流动性，墙饰主题和内容与幼儿活动相一致，让学生通过学习活动，掌握幼儿园墙饰设计技能，并运用于实践中。

【学习目标】

1. 了解幼儿园墙饰设计的分类方式与设计要点
2. 理解墙饰设计在幼儿园教育中的意义
3. 掌握幼儿园墙饰设计的基本要素及色彩运用
4. 掌握幼儿园墙饰设计制作的基本方法和步骤
5. 能制定各年龄班主题墙饰和互动墙饰的设计方案
6. 能根据要求设计制作不同班级的主题墙饰
7. 能设计互动墙饰并带领孩子共同完成制作

任务一　幼儿园墙饰的分类方式和设计要点

一、幼儿园墙饰的分类

幼儿园的墙饰根据其使用功能的不同,可分为功能性墙饰和装饰性墙饰两类。前者有明确的功能要求,如"班标"、"室标"、"星星榜"、"家园共育栏"、"每周食谱"、"晨检牌"、"保健栏"、"值日生表"、"活动安排表"、"作息时间表",等等。而后者主要是以壁面装饰为主要目的。

图 5-3　　　　　　　　　　　　　　图 5-4

二、常见幼儿园墙饰的类型

幼儿园墙饰,根据设计性质的不同可分为常规墙饰设计、主题墙饰设计和互动墙饰设计三大类。

(一) 常规墙饰设计

常规墙饰主要体现为针对幼儿园各区域场所做的装饰性或功能性墙饰设计。包括:"室标"和"班标"设计、各类宣传板(栏)设计、午睡室墙饰设计、活动区墙饰设计、园内环境墙饰设计等。一般情况下,常规墙饰使用的时间往往较长,因此对墙饰设计的整体性和装饰性有较高的要求。

图 5-5

(二) 主题墙饰设计

主题墙饰主要是在幼儿园各班级教室中,以各学期相关教育内容为主题的各类墙

饰制作形式。一般来说,主题墙设计应注意以下几点:

1. 主题鲜明突出,体现各年龄班近期教育活动的主要内容。
2. 墙面设计与活动室整体设计风格应有明确的呼应与协调。
3. 凸显板块特色,具有一定的独特性。
4. 墙面富于变化并利用"对话"。
5. 适当"留白",让主题墙"会呼吸"。

图 5 - 6   图 5 - 7

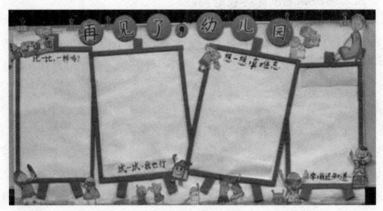

图 5 - 8

再见了,幼儿园

板块 1:比一比,一样吗?

板块 2:试一试,我也行

板块 3:想一想,真难忘

板块 4:小学,我还知道

(三)互动墙饰设计

互动墙饰是让幼儿参与墙饰材料的准备和制作的过程,师生互动共同完成的一种墙饰制作形式。

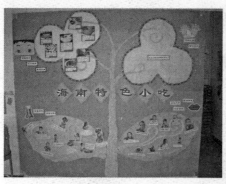

图 5 - 9   图 5 - 10

由于充分调动了幼儿参与的积极性,互动墙饰不仅可以成为幼儿最关注的地方,还能成为他们尽情想象、创造与自我表现的舞台。同时,互动墙饰能以幼儿发展的需要为目的,紧紧围绕教育目标和教学内容,发挥孩子的主体作用,从而能最大限度地发挥墙饰的教育作用。

三、幼儿园墙饰环境设计存在的问题

(一)教师对墙面设计及其发挥教育作用的主观认识

蒙台梭利认为:"教育的基本任务是让幼儿在适宜的环境中得到自然的发展,教师的职责在于为幼儿提供适宜的环境。"可见,墙面设计更加注重在教育目标的指引下,针对幼儿身心特点,有目的、有计划地进行创设,把教育意图渗透在环境之中,让幼儿园的每一面墙都发挥教育功能。然而,实践中大多数教师认为墙面布置更注重的是墙面的整洁、有序、美观,过多地选择漂亮精致的、过于成人化的作品。许多教师只从自己的兴趣、爱好、特长出发去构建环境,很少顾及幼儿的主动性和主体性。教室里陈列的也往往是教师精心制作的几件工艺品或从幼儿作品中挑选出来的几幅"杰作",大部分幼儿的作品被冷落在柜子里。这样不但不能吸引幼儿的兴趣和注意力,也不能让幼儿的家长感受到幼儿园里孩子的童真世界。

(二)幼儿园墙面环境设计过于成人化,幼儿缺乏参与性

幼儿园墙面环境的主题内容主要源于三个方面:一是,教师选取与教学主题相关的内容;二是,教师从网络、杂志或其他园所借鉴来的;三是,完全是教师的兴趣爱好。教师往往根据自己个人的审美标准和喜好来设计墙面环境,而很少考虑幼儿的兴趣和需要。一方面,墙面布置与孩子的视线应该是适宜的,但很多教师在创设环境时都忽视了这一点,以自己的身高为标准,幼儿伸手都够不到,更无法有效地与环境互动。另一方面,由于教师缺乏正确的导向及幼儿身心发展的不成熟性,墙面环境创设大多是教师一手包办,忽视了幼儿发现环境、享受环境和在环境中成长的重要性。甚至有些教师为了追求环境创设的美观度,要求幼儿不许碰,只能看。这样哪还有幼儿的参与性,只不过是一种不切实际的点缀罢了。幼儿被置身于事外,没有被真正参入其中。他们面对的是已经生成的墙面环境。因此,如何摆脱创设的环境过于成人化和教师一手包办的现状,值得进一步探讨。

(三) 幼儿园墙面环境设计一成不变,缺少创新

由于幼儿园工作琐碎繁杂的特殊性,教师把环境创设当成费时费力的任务来看待,一些教师为了节省时间和开支,常常只是新学期开始时创设一次布置。甚至有了一次大规模的布置后,而舍不得换掉原有的好的设计,而使得墙饰长时间没有更新变化。这样的墙面缺乏新鲜感,设计单调,缺乏趣味性,很难使幼儿与环境产生互动。有的班级幼儿已经升入大班了,而环境的创设还是中班时候留下的,很多墙面主题都已经无人问津了,教师也很少去关注和考虑其变化性。这样的墙面环境又有何用处? 因此,如何做到既节省时间,又能创设一面多变的墙面环境值得我们深思。

四、幼儿园墙饰环境设计的要点

幼儿园墙饰,不仅具有装饰、美化幼儿园的作用,而且可以丰富幼儿的知识。陶冶幼儿的情操、培养幼儿的审美能力以及思维、想象能力,是对幼儿施以教育的有效途径。墙饰设计不仅要努力为幼儿构建一个愉快的视觉场,还要充分与教育内容相结合,积极引发和支持幼儿的游戏以及各种探索活动,诱发幼儿与周围环境之间积极的相互作用。

(一) 墙饰设计应符合幼儿的心理特点

幼儿园的环境是为幼儿创设的,幼儿是主体,幼儿园的环境就应该是幼儿愿意加入并能与之融为一体的。因此,在设计幼儿园墙饰时,首先应该考虑从幼儿的兴趣爱好出发,针对幼儿的认知特点与接受能力,在造型和色彩上顺应幼儿对事物认知的发展规律,力求墙饰符合幼儿的心理特点。

由于大部分幼儿不能够完整地观察事物,他们往往只注意感兴趣的部分,将物体简化或只看到局部。因此,具有夸张、比喻、象征、抽象等手法的装饰画面很容易引起幼儿的兴趣。同时幼儿注意力极易分散,因此墙饰设计在画面的关系处理上应该突出重点、借景寓意、宾主呼应、一目了然,吸引幼儿的注意力,使教育目的自然地内化为幼儿的自觉意向。

另外,在选择墙饰内容的时候,还应根据各年龄班幼儿的年龄特征,结合各阶段教育教学的内容以及各方面因素进行综合考虑,使墙饰既生动富有童趣,又紧密结合幼儿园的教育教学,更具实际的教育功能。

图 5-11

图 5－12

（二）墙饰内容源于幼儿的兴趣需要

作为幼儿园墙饰的重要因素,墙饰的作用不仅仅是装饰和美化环境,还要创设能让每个幼儿都有机会参与、表现幼儿兴趣和想法的墙饰。因为幼儿只有对所见、所闻、所感、所学的东西感兴趣,才能积极主动地投入墙面的布置活动中去,所以教师要注重和幼儿共同创设他们所喜爱的墙饰。

1. 观察幼儿,寻找共同兴趣点。对全班幼儿来说,活动室的墙饰是带有公众意义的作品,必须遵循"面向全体"的原则,教师要善于在日常生活和游戏中注意观察幼儿的行为,收集有价值的资料,作为墙饰布置的内容。

2. 共同讨论,从共性中寻找个性特点。幼儿布置墙饰是一项具有创造性的活动,它直接反映幼儿的思想,是幼儿个性的集中表现。即便是在内容和主题相同的情况下,幼儿的认识也不一定是共同的。有时候如果教师硬是把所有幼儿的意见统一在同一个内容之中,可能就会导致墙饰的结果单一而且枯燥,阻碍了幼儿个性的发展。为了避免这种现象的发生,教师可以鼓励幼儿提出有个性的建议和意见,然后采用先讨论、后制作的方法,形成基本统一的意见后再实施制作。

（三）构思要新颖,立意要独特

幼儿园墙饰的设计既要表现具体事物,又要让人印象深刻便于识别记忆,不宜琐碎繁杂,结构布局要雅致清新,充满童趣,应巧用色彩、肌理等手法加强视觉效果,使墙饰设计醒目而富有情趣。多用添加、排列、组合、重复、夸张、变形、归纳等装饰手法,提炼简化物象的造型,构图上尽可能简洁大方,注重画面结构、明暗、点线的穿插和组合,寻求意趣的独特性,最好先画草图,把握好整体视觉的传递,再进行具体的制作。切忌因盲从而导致花、乱、散。应避免程式化,不能千篇一律,新奇的画面才能唤起幼儿的好奇心和模仿欲。

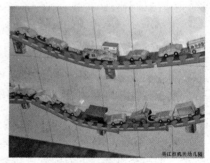

吴江市机关幼儿园

图 5－13

（四）注重画面构图、情节的对比经营

这里所说的"经营"是指画面的结构和情节设置是有规范和节制的,是根据内容的需要来进行巧妙安排的,如何使用构图、色彩、材料、制作技巧构成画面的多样性,如何让墙饰在视觉上产生生动和谐的美感,是"经营"需要思索的关键。

利用形式与内容上的对比,是绘画艺术常用的技巧手段。墙饰设计的韵律感和节奏美是从对比与协调中产生的。没有对比因素的简单碰撞,必然

图 5－14

平淡无味。画面中冷与暖、大与小、疏与密、白与黑的对比在视觉上展现出抑与扬、强与弱、虚与实、明与暗的反差。而情节设置的缓与急、简与繁、美与丑、喜与悲，则能营造出平和与动荡、简约与富丽、高尚与卑微、欢乐与忧郁等冲突。这些看似两极的事物，实际上相辅相成，处理得当就会相得益彰，互相促进，既矛盾又统一。对比的安排能经营出感染幼儿心灵的生动画面。

幼儿园墙饰设计中经常出现的小鸟、花卉、树叶等相近形状的重复排列，这些重复排列同样包含着对比的因素。

（五）装饰手法与材料运用的多样性

色彩明快、造型夸张的形象是幼儿最易接受和喜爱的视觉符号，同时也是最易激起幼儿模仿欲望，调动其感官感受并留下深刻印象的艺术方式。

装饰造型有多种多样的表现形式，有的简化为标志化的集合符号，有的在具象轮廓里添加装饰纹样。

不同的装饰风格有不同的装饰技巧，不可生搬硬套。变形的幅度、夸张的程度要掌握分寸，恰到好处，过度则荒诞。在物象基本结构上强化特征的变形才是具有美感，便于识别的装饰造型，切不可随心所欲地忽略其特点，失去造型本身的可视性。

同时，设计墙饰还要善于利用各种材料，采取多种形式进行构图，如利用树叶、树枝拼图，利用布条粘贴小动物或小朋友，利用彩色线构造各种图案，利用铅笔屑等废旧物品作成小工艺品等。

图 5-15

图 5-16

（六）力求与整体环境相协调

幼儿园墙饰是幼儿园整体环境的一部分，构思设计需要在立意、构图上明确整体环境的基调，力求壁面装饰与周围的自然环境及人工环境（包括室内环境）相协调。

在墙饰的内容与表现形式的设计上，也要有整体意识。应根据幼儿的年龄与心理特点，使墙饰内容具有一定的联系性或情节性。例如，通过一组画面反映某一情节或某一个主题。这样，不仅有利于幼儿思维、想象能力的发展，而且能使墙饰具有较大的吸引力和生命力，营造快乐的"学习场"。

墙饰设计还应根据幼儿园所处的地理环境、气候等外部条件，进行合理的细化设计。例如：南北方气候有所差别，装饰画的色彩冷暖应有所区别；走廊和睡眠室的整体装饰风格与活动室相比要沉静一些，装饰色调不宜太花哨，应采用纯度相对低些的灰色系(灰蓝、灰玫红、黄灰、粉白、灰绿等)与明暗对比柔和的色调(淡紫配天青、粉白镶奶白),外加适量对比色点缀其间,既不失童趣又起到安定情绪的作用。这样幼儿在走廊里或躺在床上才会感受到宁静的美感。

图 5-17　　　　　　　　　　　　　　　　图 5-18

(七) 以幼儿的视角为中心

幼儿园墙饰设计应以幼儿的视角为中心,避免墙饰布置过高。幼儿长时间的仰视,不仅容易引起颈椎疲劳,还影响幼儿的视力发展。幼儿园墙饰的位置,应根据各年龄班幼儿身高的特点来决定。活动区内小型墙饰的视觉中心一般不超过幼儿的平均身高,大型横幅墙饰为了便于视野开阔的远距离观看则要高于幼儿的头部。

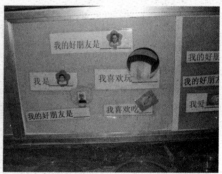

图 5-19　　　　　　　　　　　　　　　　图 5-20

(八) 整体设计意境

幼儿园墙饰设计要想达到更高的要求,制作出富有童趣,情景交融,使人产生联想的高水平墙饰,还需提升整体设计的意境。意境是色调、形象、造型等各种因素的综合。"与其使人喜,不如令人爱,与其令人爱,不如使人思"。为了制作出能引人入胜,促人遐思的画面,还需要设计者在作品里融入自己的思想情感。

在追求意境时,应注意整体视觉效果的呈现,既再现自然状态,又比现实的景物更强烈集中、更典型,并带有普遍性,提炼出现实中的美,起到陶冶幼儿性情、激发求知欲望和鼓励探求精神的作用。

任务二　互动墙饰的设计要点

互动墙饰设计实质上是一种以环境创设为主体,寓教于乐的综合教育活动设计。它不再局限于墙壁的装饰美化设计,还包含师生相互游戏的随机设计,以及引导幼儿参与展示的创意设计。互动墙饰设计具有极强的组织性和偶然性,是最具有挑战性的墙饰设计,也是幼儿园教师必须掌握的综合技能。

一、了解和掌握各年龄班幼儿的特点

活动墙饰制作是一个动态的教学过程,与其他课程教学一样需要明确的教学目标。而了解和掌握幼儿身心发展的特点,则是教师制定阶段教学目标的重要基础。

幼儿协调能力的发展主要从大肌肉动作协调(手、脚的运动)→小肌肉动作协调(手脚运动等等)→精细肌肉动作协调(手指运动等)。美术活动主要促进幼儿小肌肉及精细肌肉动作的发展(见表)。

	美术能力	教学目标
小班	主要是促进幼儿小肌肉动作的发展(例如,画短线、撕长纸等)	引导幼儿参加美术活动,体验其中的乐趣,培养他们的兴趣以及养成良好的美术活动习惯
中班	主要是促进幼儿手指与手腕配合的发展(例如,画一些简单的物体,撕一些简单的图形等)	引导幼儿学习用各种线条和形状表现认知的物体的基本形象和主要特征,培养幼儿手的控制能力
大班	主要是提高幼儿手眼协调、手脑并用的能力(例如,画繁杂的物体,制作一些简单的玩具等)	引导幼儿利用多种绘画工具和材料,运用不同的手法来表现自己独特的思想体验,感受创造的乐趣

各年龄班幼儿美术能力发展与教学目标表

二、正确选择各年龄段幼儿互动墙饰的制作内容

设计互动墙饰教学方案中,根据幼儿的特点和阶段教学目标,正确选择幼儿参与制作的内容非常重要。

	绘画	手工
小班	引导幼儿用点、线和简单形状表现物体(可使用油画棒、棉签、印章等)	1. 引导幼儿用胶黏剂粘贴一些有趣的点状材料、面状材料 2. 引导幼儿初步学习撕、剪的方法 3. 引导幼儿学习对折边、对角折
中班	引导幼儿学习使用与物体相似的或相像的颜色作画,初步学习画面布局,能注意上下,左右的关系(可用彩色铅笔、彩色水笔、油画棒和水粉颜料作画)	1. 引导幼儿粘贴比小班较丰富的点状材料或自己裁剪的面状材料 2. 引导幼儿学习按中心线折、双正方折和双三角折

幼儿园各年龄段互动墙饰内容参考表

续　表

	绘画	手工
大班	1. 引导幼儿根据画面需要恰当运用各种颜料 2. 引导幼儿学习均衡地安排画面（可画连环画、水墨画、版画等）	1. 引导幼儿学习用点状材料、线状材料拼贴或制作物象，表现一定的情节 2. 引导幼儿学习将面状材料分块剪、折叠剪来表现物体的形状特征 3. 引导幼儿用各种技法折出物体的各个部分，组合成完整物象 4. 引导幼儿用综合材料和技法来制作

三、设计教学活动方案

　　利用活动室内外墙面与幼儿形成互动交流在环境创设中十分重要。幼儿每天都会通过墙面这一载体获得大量信息。同时，幼儿的许多活动成果也是通过墙面表达出来的，这样既可以激励自己，也可以通过环境进行经验分享。当确定活动墙饰的制作内容后，应进一步做好教学活动方案设计。可以将选择确定好的幼儿制作内容，与一个幼儿喜爱的具体物体相结合，并以生动有趣的活动形式展现。如图 5 - 21，教师制作部分"形"和"色"都比较完整，把小班"撕"的参与内容设计成"撕小路上的鹅卵石"如图 5 - 22，让幼儿在游戏中快乐的学习。

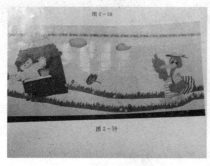
图 5 - 21

图 5 - 22

图 5 - 23

　　从家园联系的角度讲，成果的墙面展示也让家长对幼儿园的活动内容、目标、效果有比较全面的了解，从而便于获得家长的认可和支持。教师定期将活动内容和活动过程中的照片以及各种成果展示在互动墙面上，可以让家长了解幼儿的一日生活，使其感受到孩子活动中的快乐、经验的积累和能力的发展，从而主动配合幼儿园的工作。其实，将教育事实呈现在互动墙上，往往比语言更有说服力。

四、调动幼儿参与制作的积极性

互动墙饰的制作是一个师生互动的教学过程。教师不仅要具备设计教学方案的能力,还要具备组织与调控互动教学过程的能力。

在墙饰制作前,教师要培养和调动全体幼儿(甚至家长)共同参与活动的兴趣和积极性。可以围绕方案设计中所涉及的具体物体展开活动,将这个具体物体带到幼儿生活中,让幼儿通过接触、了解,喜欢这个具体物体,从情感上接受它。例如图 5 - 21、图 5 - 22,小班幼儿在撕贴鹅卵石前,先带他们去走走鹅卵石路,观察鹅卵石的形状和颜色,触摸鹅卵石的质感,然后再欣赏教师制作的一条没有铺鹅卵石的墙饰,以此启发幼儿主动愿意把自己亲手撕成的"鹅卵石"铺在这条小路上。

任务三　幼儿园墙饰环境的创设技能实训

家园联系专栏是教师与家长之间沟通联系的园地。这个专栏可以帮助家长了解幼儿园各阶段的教学要求和内容,掌握幼儿园的教学情况,以及幼儿在园内的学习情况,配合教师做好教育工作。通过家园信箱栏目,教师可以向家长介绍一些教育信息和一些教育子女的方法,家长也可以把自己的意见、见解和要求,通过信箱传递给教师,共同为教育好幼儿作出努力。利用走廊空间设置家园联系专栏是幼儿园常见的做法(见图 5 - 24)。

图 5 - 24

对家园联系专栏进行设计和管理是幼儿园教师日常工作的一部分,各幼儿园对教师这方面的工作都提出了一定的要求。作为学前教育专业的学生,学习与掌握家园联系专栏的设计构思方法,对今后胜任幼儿园的教育教学工作很有帮助。

设计要点:

整体设计应美观大方、朴素自然,版面设计要有主次,避免零乱。

栏目内容要贴近家长的需求,反映孩子的当前情况。

每个栏目要及时更换,使家长感到这不只是一种摆设,从而调动其积极性和参与性。

栏目要表述清楚,让家长明白所要表达的事情和创意,从而形成互动的教育合力。

栏目提示:

小班:《您最关心的事》《爱心导航》《作息时间表》《快乐宝贝》……

中班:《酷儿》《小精灵》《家园在线》《我的伊妹儿》《童言无忌》《温馨提示》、《卫生保健》……

大班:《快乐周末》《做科学》《卫生知识》《宝典温馨提示》《五彩贝》《小小英语歌》《环保小卫士》……

【学习小结】

幼儿园的环境创设,已成为幼儿教育的重要内容。我们应以幼儿发展的需要为目的,紧紧围绕教育目标和教学内容,发挥幼儿的主体作用,充分调动幼儿参与的积极性,共同创设幼儿所喜爱的并与之产生互动的墙面环境,使墙饰对幼儿在认知、情感等方面产生隐性的影响,像海绵吸水那样融入幼儿成长的过程中。

【思考与练习】

1. 幼儿园墙面设计可分为哪几类?需注意哪些特点和要求?

2. 什么是墙饰设计的基本要素?

3. 请结合所学,设计某年龄班墙面环境。要求:请以平面图形式设计,在空白处标明设计主题,并写出你的设计意图。

4. 观察幼儿园教师指导的活动,学习教师是如何引导幼儿与环境相互作用的。

5. 帮助幼儿园一个班级教师做一个主题活动环境规划,并简述这样做的理由。

【阅读链接】

一、幼儿园墙面的装饰形式

基于墙壁的平面局限,墙饰一般为平面型,由于材料的多样性和处理方法的不同,又有半立体型、立体型和综合型等方法制作。

1. 平面型

平面型装饰常表现在平面剪刻和粘贴的装饰画中,如剪纸、粘贴画,具有抽象、概括的装饰特点,造型多采用夸张变形的手法。材料选择比较广泛,有底板材料和画面粘贴材料两大类,如吹塑纸、白板纸、碎布料等。

2. 半立体型

半立体型装饰通常利用平面的纸,经过折叠或重合粘贴呈半立体状,或利用立体状的废旧物,经过切、剪、拼插呈半立体状。这种形式塑造较为真实生动,有感染力。纸浮雕的墙饰就是这一种形式。

3. 立体型

立体型装饰大多是生活中的旧物改造,搜集后进行再创造。如包装盒拼接做成的火车,鸡蛋壳绘制做成的京剧脸谱,篮子装饰做成的果篮等。这种形式的墙饰不仅生动有趣,且幼儿参与性也较强,动手动脑能力皆得到了很好的锻炼。

4. 综合型

综合型装饰是指多种形式和材料相互组合并经过精心设计达到的装饰效果,既生动活泼,又富有朝气。这种形式的墙饰空间层次感强,在制作处理时只要有序地利用好墙体空间,做到散而不乱,有章可循,那么墙体装饰就会比较精美。

二、幼儿园墙饰的色彩运用

1. 色彩配置的一般方法

● 一般情况下颜色的象征意义

红——血、太阳、苹果、火、热情、危险;

橙——晚霞、秋叶、灯火、温情、积极;

黄——黄金、黄菊、香蕉、热情、光明;

绿——草木、安全、和平、理想、希望;

蓝——海洋、蓝天、沉静、忧郁、理智;

紫——葡萄、茄子、高贵、神秘、优雅;

白——白云、冰雪、纯洁、朴素、神圣;

黑——墨、木炭、夜、死亡、邪恶、严肃。

● 色彩配置的一般效果

① 基本配色效果——奔放

一般设计中使用朱红色(红橙色)这样一种鲜活跳跃的色彩在画面中央,调配的色彩组合最能创造出活力、充满温暖的感觉。(例:玫红色＋黄色＝朱红)

② 基本配色效果——传统

蓝、暗红、褐和绿等保守的颜色加上了灰色或是加深了色彩,都可表达传统的主题。(例:玫红色＋黑色(少量)＝暗红;柠檬黄＋玫瑰红＋纯黑色＝熟褐色/赭石红/土黄色)

③ 基本配色效果——低沉

任何颜色加上少许的灰色或白色,都能表达出柔和之美,如灰蓝色、灰绿色。不同于其他色彩展现的柔和,低沉之美的灰紫色没有对比色。画面中若要保持自然的柔美,亮度的变化应尽量少使用。(例:红紫色＋灰色＋白色＝灰紫色)

④ 基本配色效果——动感

最鲜艳的色彩组合通常中央都有原色——黄色。高亮对比的配色设计,像黄色和它的补色紫色,就含有活力和行动的意味,尤其是出现在圆形的空间里面。

除此之外,还有一些基本配色效果,诸如丰富、高雅、活力、怀旧、古典、神奇、平静、强烈、浪漫、流行等等。

2. 色彩面积的对比

色彩面积的对比是指两色或两色以上色彩面积的相互关系,也是色面大小和多少的对比关系。面积对比是指两个或更多色块的相对色域。这是一种多与少、大与小之间的对比。歌德根据颜色的光亮度制定了纯色明度的数比:

黄:橙:红:紫:蓝:绿＝9:8:6:3:4:6

3. 色彩布局的均衡与呼应

一般情况下,幼儿园墙饰设计应符合幼儿心理特点,具有装饰性、知识性、趣味性等特点,因此在色彩的均衡与呼应上需合理安排、布局。

4. 色彩渐变关系的变化与统一

色彩的渐变就是由一种颜色渐渐过渡到另一种颜色。一般色彩的渐变可以分为色相的渐变和明度的渐变。

三、幼儿园墙饰的表现技法

将多样化的美术表现技法融入幼儿园墙饰创设,可以有效提升墙面装饰内涵。一般情况下,小型常规墙饰和主题墙饰多采用绘制手法,或是采用软材料拼贴等便于更换又比较安全的低成本材质。室内的壁画、天花板、地面及过道常常是布置互动墙饰的场所,这类墙饰在选择材料时,会多考虑幼儿的安全性和可操作性,通常会使用颜料,或利用废旧物进行制作。

幼儿园墙饰设计中三种常见的表现技法:绘画、手工、综合材料。

(一)绘画技法的运用

幼儿园墙饰的绘制可以使用水粉、油画、丙烯等颜料和油漆,采用徒手或辅以喷枪等工具绘制。

1. 粉墨画

粉墨画装饰墙面,这样的画面效果古朴稚拙,适合表现一些民间题材,有很强的装饰效果。

粉墨画一般选用白卡纸或其他有硬度的纸,用铅笔打轮廓稿。黑白粉墨画可用较厚的白色水粉颜料画出留白部分,等颜色干后用排笔蘸上墨汁覆盖画面,包括已画好的白色部分。等墨汁干后将画放到水龙头下用清水冲洗,也可用软刷轻刷。这时附着在白颜料上的墨汁会被冲掉,露出白色部分。白色部分会残存少许黑色,有斑驳金石之感。黑色底因为水的冲刷,干后也会产生版画印刷的效果。彩色粉墨画是用彩色水粉颜料作画,操作步骤同上。

2. 沥粉画

沥粉画是一种材料价廉易得、制作工艺简便、装饰性强的工艺绘画。它有厚度和硬度,具有华丽的装饰效果,适用于幼儿园门厅、走廊等较大墙面的装饰。

沥粉画的工具与材料:板(先做好木框,把三夹板钉在木框上,这样可以防止三夹板受潮而变形),立德粉、乳胶,颜料(水粉、丙烯、油画颜料),金、银粉,笔、刮刀、漏子、毛刷等。

沥粉画在艺术风格上强调装饰性。由于沥粉画是以凸出的线条为主要表现形式,因此制作者在体现自己的艺术创意时,往往以我国传统图案为主要造型,并且汲取民间艺术的特点,在形象刻画和色彩处理上可根据自己对艺术的理解,加以适当的夸张和变形,力求动与静,疏与密,简与繁,以及黑与白,冷与热等艺术要素相结合。有时为了更好地表现艺术效果,制作者在作品中往往镶贴金银箔或嵌以其他多种特殊材料,使画面更加富有装饰情趣。

沥粉画制作步骤:第一步,用五合板或三合板在背面钉骨架。第二步,在钉好的板面上涂一遍白乳胶,然后把白粗棉布铺在板面上,拉平,用手或排刷压平或扫平,待白乳胶干后可用。第三步,将立得粉白乳胶、乳白漆和滑石粉按比例调和,并刮在画板上,待其干了以后再刮第二层。第四步,用铅笔或炭笔打草图。第五步,将白乳胶与立德粉调和成浆状,灌入空白乳胶瓶内,将白乳胶瓶的瓶口,根据线条的粗细,用刀切成同样大小的口,用手挤白乳胶瓶,并沿着画面的轮廓线立线。如果没有白乳胶瓶,可用笔调沥粉浆立线。第六步,沥完轮廓线后,用笔调水粉、丙烯或油画颜料绘制画面。第七步,填涂颜色完成后,用毛笔调金、银粉,描画线条,尽量保证完成后画面干净而华丽。

（二）手工技法的运用

手工技法中常用的表现形式:剪纸和纸浮雕。

1. 剪纸

剪纸是以纸为材料,以剪、刻为主要造型手段的一种民间艺术形式。剪纸可以分为:单色剪纸、染色剪纸、套色剪纸、分色剪纸、填色剪纸等。

剪纸的工具材料:纸张、剪刀、刻刀、蜡盘等。

剪纸的一般步骤:以单色剪纸为例,第一,起稿。构思确定后,起稿布局,对画面进行具体描绘,画出黑白效果。第二,剪、刻。刀刻时的顺序如同写字一样由上到下,由左到右,由大到小,由细到粗,由局部到整体。避免重复用刀,不要的部位必须刻断,不要用手撕,否则剪纸会带有毛边,影响美观。第三,揭离。剪刻完毕后需要把剪纸一张张揭开,电光纸和绒面纸因纸面光滑,比较容易揭开。第四,粘贴。揭离完毕后还需要把成品粘贴起来,便于保存。第五,成品修改。

2. 纸浮雕

纸浮雕是通过剪、卷、折、编、贴等方法改变纸张原有的平面状态,形成有体块转折、空间层次感的浮雕画面,它使墙饰显得可爱而有情趣。

纸浮雕的工具材料:各色不同纹理、不同厚度的云纹纸或木纹纸;剪子、刻刀,直尺、圆规、乳胶。

纸浮雕基本制作方法:要将一张平面的纸变成立体形态,需要借助于折、卷、粘贴等方法,而这些方法又结合点、线、面的变化派生出纸的造型的丰富技法,运用这些技法可使平面的纸形成各种生动的立体形态和有趣的肌理效果。在对纸张进行切割与折叠时,产生的立体效果又有直线折和曲线折的形式。

（三）综合材料技法的运用

深入生活,搜集利用生活中的各种材料,如旧画报、碎布料、鸡蛋壳、包装盒、植物种子、干枯的植被等,回收这些边角料及废旧材料充分利用,拼贴出一幅幅新奇有趣的装饰画。

制作的基本工具材料:笔:铅笔、毛笔等。纸:卡纸、有色纸、旧画报、衬纸等。颜料:水粉、水彩、丙烯颜料与墨汁等。其他:剪子、刀子、胶水、布料画板等。

制作方法:第一种,自由拼贴法指不受形式的束缚与画片的局限,敞开心扉,尽情宣泄,夸张变形,任凭想象的翅膀自由飞翔,可参照立体派作品。第二种,借形拼贴法指将现有图片的形象进行有目的地选择,并将不同的形象依照内在逻辑串联起来,制造悬念,引人入胜,并借助画笔加上适当的笔触肌理效果,以区别于纯摄影拼贴的作品,可参照超现实主义画派作品。

拼贴时按照幼儿园墙饰设计的主题特点,选择一些适宜的花色肌理的印刷品或布料等边角碎料,经过细心裁剪、合理搭配,能拼贴成富有一定装饰情趣与视觉冲击的精美墙饰。

在色彩上,应以色彩艳丽的纯色为主。图画色泽宜单纯,接近自然,这样的色彩容易令纯洁的孩子们产生丰富的想象,如广袤无边的绿色草原、茂密的森林、辽阔的蓝天、飘浮的白云、蔚蓝的海洋和可爱的小动物们。这些单纯的、源于自然的色彩,易使阅历尚浅的幼儿产生共鸣,易于理解,便于他们欣赏、借鉴和表现。幼儿们喜爱明快的色彩对比,活泼好动的幼儿从中可以感受到色彩变化的节奏和共振。在为幼儿们创造色彩对比跳跃的同时,应考虑画面的整体美,采用较大浅色块支撑,可使画面既有局部美的变化又有整体协调感,能解决幼儿园一堵墙面内容多而色调不易统一的问题,使环境更艺术化。

在造型上,应以稚拙、简洁为主要表现手法。造型圆浑、敦实、稚拙、简洁的美术最能吸引幼儿,因为尚未完全走出视觉模糊阶段的幼儿,对圆浑的造型能淋漓尽致地感知。敦实、稚拙的模样令他们产生更多的关注和怜爱,简洁的美术造型,让注意不持久的幼儿较快地感知。设计的作品在造型上如有一些出彩之处——一些幽默活泼的细节,例如滴着口水的舌头、露在外面的大门牙、小得不能再小的斗鸡眼、张嘴的大头靴,会更令孩子们直瞪着双眼,久久不愿离去。同时由于造型概括、简洁,绘画操作过程也相对简单易行,更适用于幼儿园布置环境内容多、更换周期快的现状。

《幼儿园教育指导纲要》中明确指出："幼儿园应该为幼儿提供健康、丰富的生活和活动环境，满足他们多方面的发展需要，使他们在快乐的童年生活中获得有益身心发展的经验。"区域活动正是在这样的背景下开展起来的。

什么是区域活动？区域活动，也称活动区活动，它是教师根据教育目标以及幼儿发展水平和兴趣，有目的地将活动室相对划分为不同的区域。如角色区、建构区、语言区、益智区、科学区等，并投放相应的活动材料，幼儿根据自己的想法和爱好自由选择活动区进行活动。区域活动打破了传统的教学空间布置格局，通过重视幼儿的自主活动，重视幼儿与环境、材料的相互作用，重视教师与幼儿的互动来满足不同发展水平的幼儿的需要，具有自由性、随意性等特点，因此受到目前幼儿园的普遍重视，并成为幼儿的一种主要学习方式。

【情境再现】

情境1：图书区里有几个小朋友正在看书，并正热烈讨论着书里小怪兽与大巨人之间的友谊。这时，隔壁表演区的小朋友开始表演"大灰狼与小白兔"的话剧了。图书区的圆圆被隔壁的音乐声吸引，放下图书走了过去。紧跟着，丁丁、平平、艾艾等其他图书区的小朋友也陆续被表演区吸引了过去。最后就剩下图图一人，图图不高兴了，跑到老师那儿告状，说隔壁太吵了，妨碍他看书了。

情境2：在角色游戏区中，中一班和中二班都设置了"小超市"，不同的是，中一班的"小超市"里全是现成的完整的成品材料，小剪刀、水龙头、各种玩具水果、小铅笔等等。而中二班的"小超市"里的成品材料非常少，基本是用泡沫、纸片、废旧物品改造的半成品材料。一天，中一班的小朋友曼曼去"小超市"买东西了，"老板，有没有薯片呀？"中一班"小超市"的售货员小春找了找，游戏区提供的材料里有水果、有花生、有饼干，可就是没有薯片，于是说："没有。"同样的情况发生在中二班，当小朋友要买"薯片"的时候，"小超市"售货员在材料里找了找，用一些小纸片当成"薯片"包好，并算好价格递给了顾客。

情境3：大二班的甘老师新布置了区域"益智区"，里面有好多吸引人的棋牌、拼图，这些都是小朋友没见过的。于是在这天区域活动中，班上的孩子一拥而上，大部分都选择了"益智区"。不一会儿，"益智区"里人满为患，小朋友们互相争抢材料，甚至发生推打事件，还有一组柜子在小朋友的挤闹中倒了下来，有一个小朋友还因此受了伤。

【学习提示】

从上面3个情境中，你发现什么问题了吗？在区域活动中，我们应该如何合理地布局不同的区域，才能让孩子们在活动中不受干扰？对于区域活动的材料投放，应该把握什么原则？而设置好区域后，作为教师，如何能更好地管理区域，控制好不同区域的活动人数，使活动开展井然有序，让孩子在区域中真正得到良好的发展？在对本章内容进行学习、实训后，以上问题将迎刃而解。

【学习目标】

知识目标：

1. 掌握幼儿园创设活动区域的基本原则,了解幼儿园区域环境的种类
2. 掌握各年龄班常规活动区域环境创设的要点
3. 掌握幼儿园班级活动区域的设计方法及活动区玩具材料的投放要点和管理方法

能力目标:

1. 能根据幼儿发展的特点设计各年龄班不同类型的区域环境
2. 能根据班级幼儿发展水平进行区域材料的合理投放
3. 能对幼儿区域活动进行组织、指导和管理

任务一　幼儿园创设活动区域的意义与原则

一、创设幼儿园活动区域的意义

活动区（角）、活动中心等教育形式始创于欧洲的早期教育机构。20 世纪 70 年代，美国学界流行"开放教育"思潮，以游戏为活动中心，创设支持儿童主动学习的环境成为早期儿童教育的主流。活动区被看作一种"学习区"，其中具有代表性的 High/Scope 课程模式，就集中体现了活动区这种教育形式。①

随着我国幼教改革的深入和对国外先进教育模式的学习，幼儿园活动区域的创设已成为现今我国幼儿园教育的主流。实践证明，活动区域对于幼儿的认知、自主性、社会性等方面的发展有着不可替代的作用，对教师的专业发展也有着很重要的作用。

（一）活动区对幼儿发展的意义

幼儿园区域环境在促进幼儿身心发展方面有着非常重要的教育意义，具体表现在如下几个方面：

1. 促进幼儿自主性的培养

区域活动中，幼儿是活动区的主人，在那里幼儿能按自己的兴趣和愿望去选择活动内容和方式，区域活动为幼儿们提供了更多的自主活动机会，它不受老师的指挥和操控，能发挥幼儿的自主性，它的潜在的教育价值也在不断地被挖掘出来，也是当前幼儿园落实的《幼儿园教育指导纲要》所指出的幼儿园教育应为幼儿"提供自由活动的机会，支持幼儿自主地选择、计划活动"的最有效的措施。

2. 促进幼儿的交往

在区域活动中，幼儿通过操作区域材料，分享操作结果，协商处理争议和纠纷，逐渐学会如何与同伴相处、如何帮助别人、如何与他人协调、如何控制自己的冲动，学会尊重和宽容，提升交往技能，这些对幼儿的社会性发展都有很大的促进作用。

3. 激发幼儿初步的探究精神

区域活动提供给幼儿可供他们探索的环境和材料，他们可以了解光的折射、不同坡面的小车下滑速度不同等科学经验。他们在活动中还会提出许多问题：为什么有的纸不吸水？为什么陀螺转起来颜色就变了？这些初级的探索激发了幼儿对周围世界的探索兴趣，培养了他们的探索精神，这对幼儿的终生发展有着重要意义。

4. 为幼儿创造和谐健康的心理环境

区域活动用宽松温馨的环境吸引幼儿身心放松地参与，使环境中的每个人包括幼儿和教师都感到自在和愉快。在区域活动中，幼儿可以尽情地释放性情，如同伴间的友好相处，紧张后的自由放松，经验和技能的逐步积累，操作的运用自如，竞争的紧张激烈，成功后的自我陶醉，失败后的自我解嘲等。同时，幼儿对规则的遵守，自我行为的控制，合作活动的组织协调，都是在区域活动中逐步提升的。区域活动能够引发和支持幼儿主动获取有益经验，能够充分展示幼儿经验、想法、表达、表现，能够不断与幼儿"对

---

① 杨枫.幼儿园教育环境创设与玩教具制作[M].北京：高等教育出版社，2006.

话"，为幼儿创造和谐健康的心理环境。

（二）对教师发展的意义

区域活动不仅对幼儿发展具有重要意义，对教师发展同样也具有重要意义。区域活动对教师发展的意义主要表现在如下两个方面：[①]

1. 区域环境创设是评价教师素质的标准之一。营造良好的学习环境是每一位教师的责任。美国国家幼儿教育协会（NAECY）所主持的一项研究认为，环境是最能预测幼儿园教学品质的一项因素。一个专业的幼儿教师，除了需具备课程规划能力及教学技巧外，更需洞悉环境这个潜在课程与行为之间的互动关系，使其发挥潜移默化的力量，让环境中的每一个人都能有良好的学习与成长。因此，考察区域环境的创设可以从侧面来评价一位教师的综合素质。

2. 区域环境是促进教师成长的手段之一。活动区域能否使幼儿在主动活动方面和获得整体的发展方面与设置区域的预定目标一致，取决于环境设置是否符合幼儿的审美情趣，区域的主题和内容是否符合幼儿的兴趣和需要、是否涵盖幼儿身心发展的各个方面，材料是否具有可操作性，每一活动区域是否满足幼儿开展相应活动的需求，等等。

教师对自己所创设的区域的目标、空间布局、内容和材料是否符合教育的基本原理应该做到心中有数。在区域活动开展的过程中，教师应通过有计划的观察了解幼儿，了解他们的发展水平，了解他们的兴趣爱好和他们的需求，通过观察，不断提高指导幼儿活动的水平。同时，在组织区域活动的过程中，教师必须以合作者、参与者、引导者、支持者的角色与幼儿互动，使幼儿在活动区的探索和发现、操作和体验中获得快乐和成功。这样，教师才会不断对自己的活动区教育实践进行反思，从中发现问题、分析问题、解决问题，使自己在反思中成长。

二、创设活动区域的原则

创设科学合理的活动区域须遵循以下原则：

（一）教育性原则

区域活动的创设应该根据《纲要》、《指南》的基本精神，符合幼儿身心发展特点，并与幼儿园课程紧密相连。幼儿在集体活动中获得的经验也可以在活动区的活动中得以巩固，没有达到或无法达到的目标也可以得以补充和延伸。活动区的活动也可以是幼儿园集体活动的预习，在进行集体活动之前，可以提供材料，让幼儿在区域中进行相关的活动，以积累感性经验。

（二）日常化原则

目前我国幼儿园班额普遍较大，而与全班集体教学活动相比，区域活动能够以其宽松愉悦的学习氛围、丰富的操作材料和灵活多样的活动形式满足不同幼儿的发展需要。基于生命教育理念的区域活动必然要求全面关注儿童的日常生活，贯穿于幼儿在园一日生活的方方面面，因此，教育者应该将区域活动日常化，使其在幼儿园的教育教学中

---

① 杨枫.幼儿园教育环境创设与玩教具制作[M].北京：高等教育出版社，2006.

与集体教学占有同等重要的位置。

（三）整合性原则

有生命力的区域活动既是幼儿的游戏活动，也是幼儿的学习活动。它与集体活动、自由游戏，甚至家庭和社区之间都存在彼此互动的关系，参与者既包括幼儿、教师、保育员，也包括家长及社区相关人员，因此，区域活动的开展理应包括园内园外各种资源的整合以及各种课程实施形式的整合。

（四）动态化原则

有生命力的幼儿园区域活动应是动态的，这主要表现在区域的种类以及重点区域应随着活动内容的变化而不断变化，为此教师应根据幼儿的发展需要不断地调整活动材料，推动区域活动不断走向丰富与深化，从而促进幼儿学习经验的不断优化与丰富。

（五）互动性原则

区域活动虽然主要是为幼儿提供与材料相互作用的机会，但其有效开展仍然离不开教师和幼儿的互动。教师必须为幼儿营造安全、愉快、宽松的区域活动环境，让幼儿在宽容和谐的气氛中能够按照自己的能力和意愿，自主选择学习内容和活动伙伴，主动进行探索与学习。为此，教师还应把区域活动环境建设成"互动性环境"。例如，教师可以为美工区的剪纸练习提供一张可供幼儿记录自己是否完成的记录单，幼儿每次完成剪纸作品后及时用适当的符号进行记录，教师通过这张记录单即可了解全班幼儿参与剪纸练习的情况，并据此给予表扬或奖赏。通过"记录单"这一看似简单的媒介，教师与幼儿实现了双向互动，提高了幼儿参与区域活动的积极性。[①]

任务二　幼儿园班级活动区域的设计与材料投放

幼儿园班级区域活动的设计不同于其他类型教育活动的设计，严格地说，设计者"设计"的不是具体的活动，而是合理布置活动的材料和环境。通过创设"有价值的活动区"，将教育意图或目标物化为活动材料和环境，透过创设区域环境影响幼儿的活动，再通过幼儿的活动达到预期的发展，这就是区域活动设计的基本理念。教师充分理解活动区环境的教育价值，是创设活动区域环境的良好开端。在传统的幼儿园教育工作中，各班级活动区域的设计与布置、活动材料的投放与管理等具体工作都是由带班教师负责完成的。这些工作既琐碎又耗时，也直接影响幼儿园的教育教学效果。因此，如何创设既能满足幼儿兴趣需要，又能促进幼儿发展的区域环境就成为教师们一直思考钻研的问题。

一、活动区域环境的设计理念

区域活动的产生源于对集体教学活动的延续、转化和补充，后来才逐步发展成为现今独有的、深受幼儿喜爱的一种幼儿园活动方式。区域活动应做到始终和集体教学紧密结合、互为补充，因此活动区域的环境创设不应一成不变，而应随着集体教育活动的

---

① 庄红玲.幼儿园区域活动环境创设的策略[J].学前教育研究,2011,(5).

进展而不断补充完善,根据集体教育活动的需要及时提出新的目标和新的内容。同时,它还要根据本班幼儿的发展水平与目标阶段,视需要和实际情况进行调整,有的一个月或者几个星期调整一次,有的按照主题活动的开展进程投放相应的材料。具体设计理念表现为:

(一) 利用区域环境创设弥补集体教学的内容缺失

近年来,许多幼儿园教师已经逐渐意识到幼儿园的教学活动内容和形式有待改革和调整,以满足幼儿日益发展和变化的需求。例如,对幼儿来说,数学概念的学习是比较抽象的,因此教师在进行数学教学时,同一类型的活动要上好多次,反复教,容易使幼儿产生厌倦心理。开展区域活动后,很多教师把学习内容"转移"到区域中,比如说,通过提供多种类型的有关"数"的学习操作材料,吸引幼儿主动探索求知,让他们在游戏中慢慢领悟"数"的概念。这样既保证了集体教学内容的落实,又给了幼儿更多的自主学习、自主探索的时间和空间,培养幼儿的学习品质。

(二) 借助区域环境创设促进集体教学的反思学习

在大多数情况下,幼儿园集体教学活动具有时间短、目标性和规划性强,教师往往一带而过,幼儿还没有完全消化,教具材料也没有发挥最大的作用。而区域活动环境的创设,恰好发挥了"反思学习"作用,在区域里投放相关的玩具和操作材料,能使幼儿进一步理解和内化集体教学中学习的内容,使集体教学的内容得以吸收和掌握。

(三) 通过区域环境创设提升集体活动的教育价值

教师通过创设与集体教学活动内容(即教学主题)相结合的区域活动环境,使得幼儿的区域活动既可以作为集体教学的补充和延伸,又能为集体教学活动提供支持辅助的环境材料,激发幼儿的参与性和主动性,最大限度地实现集体活动的教育价值。

案例	在一次区域活动中,老师考虑到要与主题活动"树"相结合,便在科学区中为小朋友们准备了与"树叶变色"小实验相关的材料。活动开始,5个小朋友兴冲冲地到科学区中,将各种树枝、树叶插进红黑蓝墨水中,然后很认真地观察,可是等呀等,仍不见树叶变色。老师在指导树叶粘贴时发现科学探索区相当安静,就忙走过去询问,发现树叶变色需要一段时间,就及时引导这5个幼儿先到其他区域活动,请小朋友在活动快结束时再来观察。 　　案例中,老师为配合主题活动,在科学区进行的精心布置却未达到预期效果。教师很困惑,如何才能将活动区域环境与主题活动有机结合,创设整体协调、主题鲜明突出,又能辅助主题教学活动的开展、促进幼儿反思性学习的活动区域环境呢?

二、区域环境创设与主题活动的融合

(一) 利用区域活动生成新主题

在幼儿园的区域活动中,幼儿通过对不同材料的探索、操作,经常会产生新的问题,教师可以选择其中幼儿感兴趣的、有价值的问题,生成相应的主题活动。例如,在"汽车城"的区域活动中,幼儿在摆弄玩具车的过程中,两名幼儿的争论引起了其他幼儿和教师的注意:玩具车中有一款挖斗车,一个小朋友说:"它叫挖斗车。"另一个小朋友说:"它叫工程车。"随之,许多小朋友参与了争论。教师因势利导,引发了一场关于"汽车"问题的讨论,在大家你一言我一语的畅谈中,教师发现幼儿对汽车的种类、功能都很感兴趣,特别有两三个男孩对汽车的构造、发展史十分感兴趣,于是,教师和幼儿共同设计并举行了一次汽车展览和玩车活动,班上有玩具汽车的小朋友全部把它们带到了幼儿园,由此而生成了"奇妙的汽车"的主题活动。

(二) 区域环境融入主题活动内容

1. 根据主题目标调整区域环境。活动区域的设置可以随着主题活动的目标和实际需要随时进行调整、更换。比如,在"超市"的主题活动过程中,教师带领幼儿参观了超市,了解到超市的布局、用途、购物规则后,对超市的兴趣更加浓厚。教师就可以和幼儿共同商讨,在活动室或走廊、门厅里布置出超市,划分出食品区、生活用品区、收银区等,还将食品区划分出休闲食品、冰冻食品、面点、熟食、饮料等不同的食品区,让幼儿自己进行分类、统计。这样一来,活动区域就自然而然地成了主题活动实施的主要场所,有效地促进了主题活动的开展。

2. 根据主题活动的进展不断丰富操作材料。幼儿的认知是在原有知识经验基础上不断构建和动态发展的,为了更好地促进幼儿发展,教师应该试着"让材料说话",根据主题活动的进展情况,循序渐进地投放材料,让材料对幼儿起到一种暗示和讲解的指导作用,使教育目标物化。比如,幼儿学习了规律排序后,教师为了让幼儿自己找规律"种树",以激发幼儿分类、排序、级数的兴趣,比单纯用卡片让幼儿练习的效果更加理想。

三、活动区的规划与布置①

教师在进行活动区的规划时,可将活动室分成若干区域,每一个区域的活动都要指向于一定的发展目标,提供对应的活动内容和操作材料。根据活动领域可将区域分为科学区、数学区、语言区、音乐区、美术区、运动区、生活、角色区等类型;按活动方式可将区域分为操作区、探索区、益智区、扮演区、建构区、阅读区、表演、美劳区等类型。

(一) 活动区规划要合理布局

大小有别,安排各区域空间大小时要区别对待,如对于人数多、活动量大的建构区和娃娃家活动区,应划出较宽敞的空间,而益智区以安静活动为主,可安排小一些的空间。

动静分开,避免区与区之间的干扰,把活跃的区域与安静的区域分开,如将以安静阅读活动为主的图书区与热闹的表演区分开,这样角色中的往来与音乐中唱唱跳跳就不会影响到幼儿安静读书和思考。

有机组合,把便于结合起来的活动区相邻组合,如把图书区和数学区放在一起,把操作活动为主的积木区和娃娃家放在一起等,提供条件和空间引发幼儿的创造性游戏。

① 杨枫.幼儿园教育环境创设与玩教具制作[M].北京:高等教育出版社,2006.

此外,还要,综合考虑活动室的采光照明、用水便利等因素,如图书区和美术区应设置在光线充足的地方,以便于幼儿阅读、观察和创作;而科学探索区、美工活动区应离水源近些,以便于幼儿取水清洗。

(二) 活动区之间要界限明确

平面界限,通过地面不同的颜色、图案或质地来划分不同的区域。如在娃娃家里的地面铺上温暖的红色软垫,在积木区的地面铺上地毯等,让孩子看了一目了然,很快就记住不同的区域。

立体界限,运用架子、柜子或其他物体隔离划分出不同的区域,形成半封闭或开放的空间。运用隔离物时要注意不可太高,最好适合幼儿视线的高度,以使幼儿能够清楚地辨认区域,也便于教师及时观察、控制幼儿在各个活动区中的活动。

(三) 活动区布置要半封闭式

家具隔离在活动区布置中起着重要的作用。如果不用家具将各活动区分隔成若干区域,会使不同类型的区域活动失去界限,这会扰乱班级的活动秩序,也会严重干扰幼儿的游戏活动,不利于发挥区域环境的教育价值。

将活动区隔成半封闭式,一方面,半封闭式的区域更便于幼儿选择,减少幼儿在四处闲逛的行为,并且有利于幼儿选择自己感兴趣的区域进行活动,减少外界的干扰,使幼儿能够专心持久地游戏。

另一方面,半封闭式区域更便于教师观察。区域活动虽是幼儿自主游戏时间,但教师不可放任和忽视幼儿活动情况。

【问题情境】

近年来,区域活动越来越被幼儿园重视,各班级纷纷创设了区域游戏环境。但在实施过程中,经常遇到孩子对区域活动不感兴趣的现象。例如,不少幼儿园高价为娃娃家购买了梳妆台、洗衣机等家用玩具设备及服装,老师们还加班加点地制作好各种足以以假乱真的包子、馒头、果盘等食品模具,使娃娃家看起来像模像样。但仔细观察孩子们的活动却发现,原来应有的利用妈妈的旧围巾改制成围裙、寻找物品布置房间、分工合作"买菜做饭"等游戏环境消失了。娃娃家还剩下的,就是假装吃饭、聊天打招呼了,孩子们的活动被限制在"娃娃家"的单一活动上,这不仅限制了区域的功能,还限制了幼儿的活动,更限制了他们的想象和自由。究其原因,主要是教师投放材料不适宜,孩子不知道怎么玩等问题。那么,幼儿园区域活动材料应如何投放呢?

四、活动区域材料选择与投放

皮亚杰提出:"儿童的智慧源于材料。"区域活动的教育功能主要通过材料来表现。区域活动的材料越丰富,形式越多样,幼儿在操作过程中就会变得越聪明、自信、大胆。

教师在做环境创设、材料投放前一定要追问自己:

- 幼儿想玩吗? ——是否已有了这方面的经验?
- 会持续多久? ——有尝试挑战、变花样的空间吗?
- 幼儿能玩吗? ——耐用实用适用吗?

具体来说,活动区域材料选择与投放应遵循以下要点:

(一) 材料应有操作性

活动区投放的活动材料应具有可操作性,通过操作材料能引发幼儿动手、动脑,进而促进手、脑、眼的协调发展,支持幼儿与活动环境的积极互动,引导幼儿根据自己的兴趣爱好对操作材料进行动手操作和动脑思考,使幼儿在区域活动中时刻保持新鲜感和探索欲。例如,教师在活动区内投放桌面积木、积塑片等各种拼插玩具、串珠、七巧板、智力拼图等游戏材料。幼儿看到这些材料后,自发进行"拼汽车"游戏,他们在使用材料进行拼接的过程中会不断遇到挫折,然后经过观察、思考、反复拼接,直到成功为止。在这一活动过程中幼儿的判断智力得到了充分发展,有的小朋友一次能拼成很多辆汽车,各式各样的汽车完全激发了幼儿的学习兴趣。

思考:图 6-1 和图 6-2 是否具有操作性? 为什么?

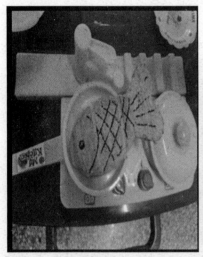

图 6-1

图 6-2

(二) 材料应有教育性

投放的材料应具备教育价值。教师应明确什么样的材料可以引发什么样的活动,达到什么样的目标,这也就是说,活动材料的投放不能盲目,而必须与具体目标相联系,并能保证幼儿与材料的互动。教师也可以结合本阶段的教学主题和目标,将幼儿需要掌握的知识和技能巧妙地通过材料的投放,引起幼儿的兴趣和积极互动,从而在潜移默化中实现教育目标。[①] 例如,教师为了发展幼儿的空间思维能力、锻炼小肌肉,给幼儿几架飞机模型,可以在建构区投放相应的材料,如飞机模型中的门、窗、轮子等让幼儿自己拼装出飞机,以此启发幼儿动脑活动和动手操作。这远比让幼儿根据教师的要求,找一找有几扇窗几个轮子,有什么不同,更有启发作用和教育价值。也可以在材料的旁边应放置图书和其他资料。在提供材料的同时附上图像或符号文字,有助于幼儿在真实物体与图片、图画以及与材料有关的故事之间建立联系,从而为幼儿提供多元化的探索

---

① 杨莉君.示范性幼儿园区域活动材料投放的有效性[J].学前教育研究,2012,(5).

与学习资源。例如,在区域中提供简单的操作图,或将幼儿活动材料的相关画页张贴在墙壁上,都能增加幼儿探索材料的方向性和可行性,从而更易完成操作活动。同时材料投放还应根据近阶段的主题目标和幼儿的年龄特点、活动需求及时投放活动材料。区域活动作为主题活动的重要组成部分,教师应根据主题目标,有目的地投放适宜幼儿年龄特点、活动需求的活动材料,引导幼儿开展系列活动。此外,材料的投放还应注重培养幼儿的交往技能,增加他们的社会经验。儿童的社会交往是以玩具材料为媒介,玩具加强了这种交往关系。例如,结合"欢欢喜喜过新年"的主题活动,围绕"让幼儿感受新年的节日气氛,体验过年的忙碌、热闹,参与新年的准备活动"这一活动目标,在角色游戏活动区域——超市里,为幼儿提供各种彩色包装纸、卡纸和各种礼盒等,让幼儿通过在超市里的加工、分类、采购和互赠等活动,学会基本的交往技能,如分享、谦让、轮流、交换等规则。正是在以玩具为媒介的交往中,幼儿通过比较、验证、反省,不断从与他人关系中认识自我,从而达到落实活动目标,促进其社会性发展的目的。

(三) 材料的数量和类型应合理规划

幼儿主要是依靠感官来认识外部世界,不同的材料使用促使幼儿的发展产生不同的感官认识,积累不同的经验。幼儿的认知正是在与材料的互动中不断发展的,给幼儿提供丰富的材料,就是给幼儿创设出丰富适宜的学习情境,从而促进幼儿的学习和发展。因此,每一个活动区域内都应给幼儿提供丰富多样的材料,既可以是成型的,也可以是半成型的,还要有单独玩和合作玩的材料,以激发幼儿的创造力。

教师投放材料的丰富程度可直接关系到幼儿的活动质量,活动区材料投放应该是丰富多彩的。然而,丰富的材料并不等于越多越好,多则滥,滥则泛。幼儿的注意力具有不稳定性,过多过杂的材料投放,尽管能吸引幼儿的游戏兴趣,但也易造成幼儿玩时分心,眼花缭乱,一会儿拿这个玩玩,一会儿拿那个玩玩,常会导致幼儿出现"拿起一物→摆放片刻→丢弃→另换一物"的现象,显然这与我们投放材料的初衷是相悖的。因此,教师在投放材料时,应考虑材料与活动目标的关系,加强材料投放的针对性、目的性和科学性,并依据对幼儿活动的观察,进行定期更换与补充。

(四) 材料应有层次性

在活动区域环境中,材料是幼儿活动的对象,教师应提供与幼儿的年龄特点、经验、能力和需要相适应的材料,才能激起幼儿对学习的主动性,使他们在没有压力的环境中主动观察,发现问题,独立思考、解决问题。

首先,针对不同年龄特点的幼儿投放不同的材料。幼儿的年龄特点决定了幼儿的身心发展水平。随着幼儿年龄的增长,其需求和兴趣也不断变化,因此,活动区域中应根据不同年龄段幼儿的身心特点投放不同操作难易程度的活动材料,体现材料的层次性。例如,在建构游戏区时,结合小班幼儿善于模仿的心理特点和小肌肉不够发达的生理特点,可为幼儿提供体积大,便于取放、类别相同的建构材料;而大班幼儿动手能力强,思维敏捷,在提供建构材料时,则要注重多样性和精密性,以满足他们的探究和自主发展的需求。同一个类型的区域,在环境设计上也应注意层次性。例如,角色游戏区的创设,应根据小班幼儿喜欢模仿、社会经验不够丰富的特点,创设角色简单、分工明确的娃娃家,利于培养幼儿的交往能力;而超市购物的区域环境创设可锻炼大班幼儿的分类、计算、交往等综合素质。教师应根据幼儿发展的不同需求引导幼儿开展不同系列的活动,促进幼儿的综合素质发展。

其次,针对不同个体差异的幼儿投放不同的材料。同一年龄段幼儿的发展水平也不一定是相等的。不同的幼儿,有着不同的兴趣、爱好和个性,甚至同一年龄的幼儿,他们之间也存在着能力上的差异,而且发展速度也不一样。所以我们在提供材料时,千万不能"一刀切",既要考虑"吃不了"的幼儿,还要兼顾到"吃不饱"的幼儿,使每一个幼儿都能在适宜的环境中获得发展。教师应通过针对不同幼儿发展水平投放材料,让每个幼儿都能找到适合自己的材料,给他们提供不同的操作机会,力求使每个幼儿都能在原有基础上获得发展。例如,为了有助于幼儿小肌肉发育和培养细致操作能力,教师在美工区中设置了"夹玻璃球"的内容。在练习用筷子夹玻璃球时,能力强的幼儿可选择夹进瓶中,能力弱的幼儿可选择夹进盒中。班上有一位幼儿由于先天原因,动作发展特别缓慢,教师就在旁边放了一把勺子,他可以用勺子把玻璃球舀进盒中。此外,在活动中允许操作能力强、完成较快的幼儿在完成本次活动后选择下一关的活动,这样既让操作慢的幼儿有足够的操作时间,也让操作快的幼儿减少消极等待现象,尽可能使每位孩子都体验到成就感。

(五) 注意材料的安全性

安全是开展游戏活动的前提。因此,教师首先应该从区域划分的场地选择上体现安全意识,避开场地上的危险地带,并对其进行调整。例如,在场地的选择上应避开易造成幼儿受伤的墙柱和大家具的边角,用软布包住桌椅的边角,确保所提供的游戏材料无尖角、无毒等,在物质上保证幼儿的人身安全。其次要在区域中设置明显的标志,作为幼儿自由选择自主活动的区域活动,活动区玩法须一目了然,借助一些指示明确的显性标志,如用平面箭头指示路线,或用辅助器械铺设区间路径;在区域牌上张贴幼儿活动照片以示活动的玩法;画出相对明显的区域隔线,以利于幼儿养成遵守游戏规则的好习惯;还有入区人数控制的插牌标识,为保证幼儿充分的活动作好周密的铺垫。

此外,活动区域投放的材料大部分来源于大自然和孩子的收集,因此教师必须注意幼儿的卫生、安全问题。尤其是农村幼儿园收集废旧物比较困难,有的瓶、盒、罐都是幼儿从路边捡来的,教师一定不能忽视里面的残留物,时间一长会滋生细菌。因此教师必须和幼儿一起做好卫生工作,把收集来的材料清洗干净,放置在阳光下暴晒后方可使用,以免意外事故的发生。

(六) 材料应经济环保

利用自然物和废旧物品是丰富区域材料既经济又环保的方式,在材料收集中就需要教师、家长和幼儿共同配合。一是充分利用自然物。在大自然里,有着取之不尽,用之不竭的天然游戏材料。例如,将收集的地上的小树叶粘贴成小动物、叶子拓印或制成"书签";捡来小石头、小树枝当成计算材料;将小石头染色,当成飞行棋子;把叶子当成材料,做成扇子、帽子……孩子们在随心所欲的玩乐中得到自由的体验和创造的乐趣的同时,也提升了想象力和合作能力。二是巧用废旧物品。例如,老师或幼儿带来家中的洗发水瓶、化妆品瓶投放到"理发店";在方便面包装碗里种上葱、蒜;小朋友把以前穿过的小衣服带来,变成"娃娃的盛装";把瓶盖做成串铃等等。幼儿参与制作,不仅动手能力进步了，创新意识增加了，环保意识提高了，也更喜欢区域活动了。三是调动家长合作，例如，老师请幼儿回去跟爸爸妈妈合作，用废弃物品制作手工作品。在老师的号召下，有的幼儿和妈妈用矿泉水瓶做了个"漂亮娃娃"，有的幼儿和爸爸用牛奶盒做了几部"移动电话"，有的幼儿和姐姐用旧挂历纸剪来了"窗花"，有的幼儿和爷爷用各种广告纸折出了"轮船"等。家长们积极的参与不仅丰富了区域活动的材料储备，他们的环保意识也为幼儿树立了良好的榜样。

五、活动区域玩具材料的管理

活动区域内玩具材料品种繁多，数量大、来源广。玩具材料的管理程度直接影响着玩具材料的使用和活动的开展。

（一）材料的收集准备

活动区域材料的来源主要有两种，一种是幼儿园购置，另一种是教师收集自制。

幼儿园购置的材料，主要是大件或成套的玩具材料用品，如活动区里的柜子、玩具架、桌椅、积木等。一般来说，购置的材料中成品或半成品居多。幼儿园在购置区域活动材料时，需要综合考虑经济性、功能性和适用性等因素。

教师收集自制的材料，是由教师发动幼儿及家长共同收集的，在收集材料过程中，教师要关注材料中隐含的教育价值，让幼儿积极参与材料的选择和构建过程，将区域环境创设和材料收集的过程作为幼儿学习的过程。活动区内的许多常见材料都与幼儿生活密切相关，如可乐瓶、薯片筒、香水瓶等，都可以直接作为角色游戏的商品，教师在收集过程中，要注意启发幼儿，与他们一起讨论活动区的布置、材料的选择等，通过讨论决定布置的内容，并引导幼儿共同制作玩具和创设环境。如"娃娃家"的布置，教师在引导幼儿充分讨论后，组织幼儿回家收集各类家庭日用废品，如瓶瓶罐罐、布娃娃、空纸箱、废布料等；通过与幼儿的讨论，共同设定要布置的各类"家具"，同时与幼儿一起动手将收集到的废弃品制作成各类"家具"、娃娃的衣服等，不断完善娃娃家的布置。

幼儿参与收集和制作材料，不仅丰富了活动区域材料的种类和数量，还让幼儿学会了勤俭和利用资源；同时，还能让幼儿在变废为宝的过程中，感受到探索和创造的意义和价值。

（二）玩具材料的整理、存放和管理

活动区域内的玩具材料品种多、数量大，应该有条理地分别进行归类和整理。另外，存放与保管是为玩具材料的使用服务的，但其本身也有一定的教育作用。活动区玩具材料的整理、存放与保管有以下几条措施：

1. 活动区玩具材料的摆放应是开放式的，能供幼儿自由选择和取放。

2. 玩具材料应当分类放在开放的、低矮的架子上，用透明或开放的容器分类存放，如筐、篮子、盘子等。

3. 玩具材料应摆放整齐，分类清楚，并贴上标签，用文字或图案来表示物品存放的位置，且存放的位置应该相对固定。例如，在贴纸或者彩色卡纸上画出彩笔的形状，剪下来贴在放置彩笔的柜门上，表示这是彩笔的"家"，让幼儿懂得"取还归位"；再如，建构区中各类积木的摆放，可以按积木的形状分类放置在几个篮子中，篮子表面贴上相应的

图形标记,帮助幼儿加深对形状的认识,同时养成良好的游戏习惯。

思考:请你分析图6-3和图6-4的材料摆放和布置是否合理,为什么?

图6-3 图6-4

(三) 玩具材料的清洗、消毒和维护

幼儿活动时,喜欢把玩具材料放在地上,长期如此,玩具材料很容易受到细菌、病毒和寄生虫的污染,从而成为传播疾病的帮凶。因此,教师要重视玩具材料的卫生清洁,一方面要教育孩子不要随便丢掷玩具,也不要把玩具放入嘴里,游戏过后要洗手等;另一方面要定期对玩具材料进行清洗和消毒,保证其安全性。

六、活动区的规则制定

规则是保证区域活动顺利开展的重要因素。一方面教师要善于用环境来暗示规则,如整齐有序的材料摆放、清楚明显的标志都会潜移默化地鼓励幼儿玩后把原物放回,收拾整齐。另一方面,教师也要明确制定一些规则,如每个活动区的人数、进入活动区的标志、在每个活动区应当如何开展活动、活动后如何收拾整理等,以保证活动的顺利进行。

(一) 活动区的规则必须简洁、具体,符合幼儿的年龄特点

图6-5 图6-6

由于幼儿的语言能力水平有限,因此教师在制定活动区规则时不宜一次性提出太多规则,规则内容的表述也应尽量做到简洁明了,避免长篇大论;提出的规则要求也要具体明确,最好是能用简单的几句话或是几个词把要求幼儿应遵守的规则说清楚。同时,根据不同年龄班的幼儿,规则的表现形式也应有所区别。例如,小班的规则一般以简单图片的形式呈现,大班的规则可适当运用图文并茂的方式说明要求。

(二) 活动区必须适当进行人数限制

1. 通过调节活动区大小来限制人数。研究表明,在活动室内,根据活动区的大小来调节幼儿组群的大小,这样有可能提高幼儿的各种社会能力和兴趣爱好。将活动室分隔成每组5—9个幼儿的几个大区域,在其中活动的幼儿会有较多的肌肉活动,会产生较多的噪音和吵闹行为;而将同样的活动室分隔成为一些容纳2—3个幼儿的小活动区域,幼儿则会安全地交往,更多地参与解决问题,也能较多地完成学习任务。

同时,幼儿活动区若划分得不明确,幼儿难以分辨活动的明确界限,那么幼儿会产生较多的破坏性行为。一般来说,每个活动区域里容纳的人数不要超过4—5人。此外,在制定进区人数限制规则时,教师还应根据幼儿的年龄特征,采用直观形象、生动有趣的方式来表达,从而帮助幼儿理解和接纳规则,较好地执行和遵守规则。

2. 设计进区卡来限制人数。进区卡是活动区人数限制规则的具体体现,主要起到控制各区人数的作用。将区域标志牌贴于各活动区入口处,起到标明区域活动内容和人员限定数目的作用。选区标记牌则用于记录进入区域活动的人数情况。

图 6 - 7　　　　　　　　　　　　图 6 - 8

任务三　常规活动区域环境的规划及创设

一、角色游戏区环境规划创设

角色游戏是幼儿根据自己的兴趣和愿望,以及模仿和想象,通过扮演角色,创造性地反映其生活体验的一种游戏,是3—5岁幼儿特别喜欢的最典型的游戏。

(一) 区域布局

角色游戏是幼儿最喜欢的游戏之一,游戏角色可随参与者的多少而设定,因此角色游戏区应在活动室的区域布局中安排一块较大的空间,同时应远离比较需要安静的益智区和图书区等。

角色游戏设计的主题有很多,如娃娃家、小吃店、理发店、医院、超市等都是深受幼儿喜爱的游戏主题。此外,还有根据幼儿生活经验随机产生的若干主题,如花店、宠物店、美食街、邮局、书店、银行、健身中心等等。不同的主题所要求的区域环境也不一样。

图 6 - 9

图 6 - 10

图 6 - 11

图 6 - 12

　　思考:以上四张图片呈现的同样是角色游戏区的环境布置,你认为它们的布局有何区别? 角色游戏区的布局和设计有什么要求? 需要投放哪些材料?

　　1. 区域环境的规划

　　一般来说,教师应在角色游戏区内选择性地安排 1—4 个角色游戏主题并布置好相应的游戏区域供幼儿活动。例如,把娃娃家作为基本主题区域,然后再选设 1—3 个幼儿感兴趣的主题区域;若是只在角色游戏区里安排一个主题,就需要经常更换主题内容,并变换主题环境。同时,可利用楼道、走廊、阳台等空间,为孩子们设置固定的主题游戏区。

图 6 - 13

2. 区域环境的创设

为配合所确定的角色游戏主题,应投放具有针对性的、可操作的游戏材料,尽量创造一个放松的环境,使幼儿游戏时如同身临其境一般,能满足他们操作的欲望,体验现实生活中各种角色的需要。幼儿也能从中获得真实体验和一定的生活经验。

- 小班要求情景明确,直观性强,需要有完整的情景场地,例如家庭,医院、幼儿园;
- 大班则偏向抽象,多用孩子作品作情景布置,让孩子讨论,计划,制作。许多时候还会和建构区结合;
- 中班介乎两者之间。

(二) 区域材料的投放

不同年龄阶段的幼儿,游戏发展的水平各有不同,因此投放的活动材料也应有所区别。

1. 小班幼儿的角色游戏主要直接依赖玩具材料,通常是有什么玩具就玩什么游戏,离开了玩具,游戏也就停止了。他们喜欢模仿,往往看到别人玩什么,就扔掉自己手中的玩具,也去玩什么。因此,教师给小班幼儿准备的玩具材料,应该主要是形状相似的成型玩具,而且要种类少,数量多,以保证每个孩子都能拿到玩具,避免因玩具数量不够发生争吵,从而影响游戏的进行。

2. 中、大班幼儿想象力更加丰富,游戏主题更加多样化,简单的几种成型玩具已不能满足他们的要求,这就需要提供一些半成品以及废旧品材料,以满足他们的想象力和创造力的发展。在种类上要做到多样化,并且尽量做到经常更换,让幼儿有新鲜感,从而激发他们进行主题更丰富的游戏。

图 6-14   图 6-15

思考:以上两张图片比较适合哪个年龄班的幼儿? 为什么?

3. 角色游戏区里常设主题的材料准备要求

角色游戏活动区常设主题游戏材料参考表	主题	设置要求	常见材料	注意事项
	娃娃家	利用背景墙饰,模拟布置出家庭生活的环境	所投放的玩具材料应是幼儿在家常见的东西,能反映角色特征、家庭生活必备的家具等。如布娃娃、家具、日用品、食物、服饰等	应根据幼儿年龄特点,选择适当的种类和数量

续　表

主题	设置要求	常见材料	注意事项
理发店	利用背景墙饰,模拟布置出理发店的环境	所提供的材料应能满足幼儿对梳、剪、吹、洗等理发游戏活动的操作需求。如镜子、剪刀、梳子、电吹风、脸盆、围布、洗发水瓶等	
超市	利用背景墙饰,模拟布置出超市购物的环境	所提供的材料应能满足幼儿超市购物活动的需求,如各类商品、售货员的服饰、包装袋、收银机、顾客使用的篮子、货币等	开展"超市"游戏前,需丰富幼儿有关货币和买卖交易方面的常识
医院	利用背景墙饰,模拟布置出医院的环境。教师不妨与幼儿一同设置各部门,如挂号处、收费处、药房、注射室、诊室等	所提供的材料应能满足幼儿假扮医生诊断、打针、开药方的游戏需求。如常见的医疗器械和药品,以及医护人员用的桌、椅、帽子、白大褂等	由于"医院"游戏需要一定的医疗常识,因此活动前必须先丰富有关知识,让幼儿熟悉就诊程序
餐馆	利用背景墙饰,模拟布置出餐馆烹饪、就餐的环境	所提供的材料应能满足幼儿烹饪和就餐游戏的需要。如桌椅、厨具、餐具、厨师帽、围裙、菜谱、食物模型、抹布等,也可以让幼儿自行寻找替代物或自制游戏材料与道具	

（三）区域的管理

角色游戏区的主要种类较多,每一主题区域的布置,教师都应积极地按照相应的角色对环境的不同需求去设计、布置,准备丰富的玩具材料。

1. 将每样材料归类摆放在一起,贴上标签。

2. 利用道具箱归类、整理材料。教师可以按照角色游戏的主题来将玩具材料进行分类,把与某个具体的角色游戏主题有关的玩具材料都放进一个道具箱内,这样便于取用和整理。

二、建构游戏区环境规划创设

建构游戏,是幼儿利用各种不同的建构玩具或建构材料(如积木、积塑、金属片、泥沙等)通过与建构活动有关的各种动作构造物体形象,反映现实活动的一种游戏。通过建构游戏区的互动(如移动、建造、分类、创造、展现作品等),幼儿的基本动作,特别是手部的动作获得协调发展,以此培养幼儿的空间知觉,发展幼儿的空间想象力,促使幼儿的创造性思维得以发展。在这个过程中,幼儿的知识、经验得以充实,幼儿的细心、耐心、坚持克服困难等优良的个性品质获得发展,即幼儿在建构游戏互动中获得社会性发展。

【情境再现】

情境 1：在某大班的建构区里，建构的主题是"各种各样的桥"。在建构区的墙面上贴满了各种各样的桥的图片；建构区的地板是由一种颜色的泡沫垫铺成的；建构区里所提供的材料是各种塑料的拼搭玩具；幼儿作品摆放无序，空间布局也不合理；入口处只有插卡处，而无进区活动记录表；幼儿进区后，拖鞋摆放无序，地上无任何标志……

情境 2：在另外一个大班的建构区里，建构主题也是"各种各样的桥"。在建构区墙面的左边贴着各种桥的图片，在中间贴着孩子模拟建构桥的作品的照片，在最右边则是幼儿自己设计的桥的布局图；建构区的地板用红、黄、蓝三种颜色的泡沫有规律地拼成三大块，边缘还用了另一种颜色；所投放的材料丰富多样，有木头积木、塑料积木、纸砖、废旧纸盒以及一些幼儿自制的辅助材料如树、花、草等；幼儿进区除了插上进区卡外，还必须在进区记录表上填上自己的号数；进区的幼儿鞋子摆放整齐，在每双鞋子的下面都做了小标志……

思考：比较以上两个情境，你认为哪一个班级的建构区环境创设和材料投放更能促进幼儿的发展？如何创设科学合理的建构区？

（一）区域布局

一般来说，建构游戏区不需要放置桌椅，教师可以将地面铺上各式地毯或地垫，因为幼儿在进行建构游戏时往往喜欢趴坐在地上，这样的设置能避免幼儿因为长时间接触冰凉的地面而受凉。同时，为避免幼儿的积木作品被自己或同伴碰倒，教师应将架子与搭积木的区域分隔，并做出明显的标记。另外，建构游戏区域内墙面或架子上可以张贴各种建筑物，从而开阔幼儿眼界，丰富建构题材，便于他们学习和再创造。具体要求有：

1. 建构区最好只有一个入口，而且不要设在通道上，区内不要放置桌椅，活动面积不宜太小，以便幼儿可以专心致志地进行建构活动，而不必担心自己的作品被来回行走的同伴碰倒，在该区活动的幼儿也不会因为受到其他活动的干扰而分心。

2. 建构区的区域分界应为半封闭状，以矮柜或架子作为分界物，区域所需材料用具，应放在区域内幼儿随手可够得着的地方，以便幼儿取用。

3. 建构区不应该和图书区等需安静环境的区域相邻，最好紧邻角色游戏区，便于幼儿灵活运用两边的玩具玩游戏。

图 6-16

（二）区域材料的投放

1. 建构区内投放的材料一般是基本玩具和辅助玩具材料

基本玩具主要是积木、积塑、插片材料等；辅助玩具材料主要是交通玩具、橡皮玩具、木头玩偶等。

2. 建构区内的材料应依照不同年龄班幼儿的特点选择投放

为小班幼儿准备材料时，要准备种类相对单一、数量充足的玩具材料。对于中、大班幼儿，在活动区中既要提供个人单独操作的材料，也要提供一些能把幼儿聚集在一起的材料，使他们能在一起进行分工、合作活动（如图 6 - 17 和图 6 - 18）。此外，还应给中大班幼儿提供不同性质的活动材料，使游戏更为生动和丰富。

图 6 - 17　　　　　　　　　　　　图 6 - 18

（三）区域的管理

建构区的各种积木都应存放于柜子或架子上，架子和柜子的高度应以方便幼儿园取放为标准，并用图示标记的方式标注。

三、美工活动区环境规划创设

美工活动区是幼儿园各班级常设的一个活动区，旨在为幼儿提供一个自由欣赏和创作的场所，是幼儿园美工教学重要的补充形式。在这个区域内，幼儿可以操作各种材料，用绘画或手工这些外在的符号形式，按照自己的意愿和兴趣来表达自己的体验和情感，有机会展示自己的才能，并享受创造活动的快乐，获得精神上的满足。

图 6 - 19　　　　　　　　　　　　图 6 - 20

思考：从上面两幅图中，你能观察到室内外的美工区布局有何区别？美工区的布局和设计有什么要求？美工区需要投放哪些材料？

（一）区域布局

1. 美工区的位置

美工区的区域可根据实际情况，布置在班级内或班级外。由于班级外的空间较宽敞，光线明亮充足，因此限制较少。而布置在班级内的美工区，由于受场地、光线、班级环境等各方面的影响，布局需考虑：

美工活动区比较安静，可以靠近图书区、益智区等。美工区应该设在光线充足，靠近水源的地方。光线充足可以便于幼儿观察、操作和创作，并且保护视力；靠近水源便于幼儿清洗美术工具、清理桌面和地板，并便于幼儿洗手。

在安排美工区的空间大小时，可根据本班幼儿对美工活动的兴趣及活动材料的安排等综合考虑。如果幼儿园能提供的美工活动材料比较丰富，且幼儿喜欢美工活动，参加的人数比较多，那么就需要安排一个较大的空间。一些美术特色幼儿园和条件比较好的幼儿园还设置了专门的美工活动室，并在其中设置诸如色彩区、国画区、手工区、泥工区等多个活动区域。

2. 美工区的作品展示

美工活动区域可以悬挂各类美术作品如绘画、雕塑、剪纸作品，还可以放置有插画的书。教师应定期更换区域中的各类美术作品，让幼儿了解更多的艺术作品以及艺术作品的不同风格。

展示区或作品角是美工区必不可少的设置项目，用来展示幼儿的作品，平面的可以张贴，立体的可以陈列在桌柜上，摆放的、建构的可以拍摄成图像。若某一次活动的作品过多，而空间有限，教师还可以在教室高处拴一根绳子，将幼儿的美术作品悬挂在上面，这样会节省活动区的空间，同时也不会影响幼儿的活动。这样一方面是对幼儿劳动成果的尊重，另一方面也让幼儿体验成就感，从而激发幼儿持续参与活动的愿望。

图 6-21　　　　　　　　　　　　图 6-22

（二）区域材料的投放

幼儿的美术活动是一种操作活动，离不开对多种美术工具和材料的使用。幼儿通过操作探索并尝试使用各种材料，表现自己的情感、思想以及对客观世界的认识，同时，丰富的物质材料也可以激发幼儿动手创造的欲望。因此，教师应在美工活动区内为幼儿提供丰富充足的材料，以促进幼儿的活动。

美工区的材料准备主要包含三大类：绘画类、手工类和美术欣赏类。一般而言，一个美术活动区同时提供所有种类的材料几乎是不现实的，教师可以根据幼儿的实际水平，配合美术教育活动内容准备区域活动材料，并定期更换、定期增添新材料。在实际活动中，还要允许和鼓励幼儿自由使用各种材料。

1. 绘画类

绘画类材料包括各种纸、笔及其他用于绘画的工具和材料。

（1）纸：包括不同大小、颜色、形状、质地的纸，如白报纸、铅画纸、卡纸、毛边纸、宣纸、皱纹纸、瓦楞纸、包装纸等。需要注意的是，每次不要提供太多的纸品，以免幼儿面对多种纸品无从选择，或过多选择造成不必要的浪费。摆放不同颜色或不同质地的纸时，要将各种颜色、各种质地的纸分开，不要将所有的纸都堆放在一起，这样既方便幼儿选择，也避免幼儿在取放时弄乱。

（2）笔：包括各种类型的笔，有油画棒、蜡笔、彩色铅笔、水彩笔、毛笔、油画笔等。幼儿对能画出各种颜色的彩色笔非常关注，他们对绘画初期的兴趣往往就来自于对彩色笔的兴趣，这也是他们发展颜色视觉的重要途径。因此，对于水彩笔、蜡笔、油画棒这些彩色笔，教师选用时应多选用那些色彩鲜艳、均匀、稳定的产品，避免选择颜色暗淡、质量较差的彩色笔。选择水彩笔及其墨水的时候，应选用水溶性品种，且彩笔的套子能盖紧，这样易于清洗，也不至于出现笔套逐渐丢失的情况。

（3）颜料：包括水粉颜料、水彩颜料、广告颜料和墨汁等。

（4）容器：主要指用于放置颜料的容器，如调色盘、托盘、空罐头瓶或空饮料瓶等。

（5）画架：如果有足够的空间，那么摆放几个画架最为理想。如果条件不允许，也可以在桌面上进行绘画，或教师将纸张钉在墙上适宜位置，幼儿在墙上作画。

（6）围护服：主要指幼儿在进行美工活动特别是绘画活动时所穿的工作服，它能使幼儿在与颜料接触时不用担心弄脏衣服。围护服的式样有两种，一种是有袖的，另一种是无袖的。

（7）清洁用具：包括抹布、纸巾、水桶、扫帚、拖把等。

2. 手工类

（1）材料：包括各类点状材料、线状材料、面状材料及块状材料。如泥塑材料，如橡皮泥、多彩泥、自制面泥、陶泥等，或纸工材料，如皱纹纸、卡纸、包装纸、废旧纸盒等，或其他如瓜子壳、贝壳、树叶、豆子等等。

（2）裁剪工具：适合幼儿用的剪刀、小刀、美工刀等。

（3）黏合剂：胶水、固体胶、浆糊等。

3. 美术欣赏类

欣赏类材料主要是供幼儿欣赏的美术品，包括各种平面的图片、画册和立体的实物工艺品等。教师应提供艺术风格上多样化的欣赏材料。如绘画，可以有水墨画、油画、水粉画、水彩画、版画等。实物工艺品可以是餐具、玩具、服饰等日用工艺品，也可以是壁挂、地毯、剪纸、风筝等陈设工艺品。一些现代工艺作品如商品包装、广告、招牌、卡通图等也可以布置在美工区中。当然，这些作品是要符合幼儿年龄特点的，具有艺术性、代表性的,能被幼儿接受的作品。

(三) 区域的管理

美工活动区的各类材料对幼儿来说应该是开放的,这就需要教师将材料合理地整理、归类,便于幼儿自由取放。美工区内的家具高度要适合幼儿的身高,同时,放置某类材料的地方应相对集中、固定,使幼儿能够容易地取放所需要的任何材料,且各类材料均应贴上不同的标签,用图片标示,让幼儿一目了然。区内的柜子或架子、橱柜应是敞开式的,里面所摆放的材料应让幼儿随手可得。当然,不能让幼儿自行取用的材料,不要放在他们能拿到的地方。这样能使活动的秩序得以保证,也有利于幼儿良好行为习惯的形成。

存放教师物品的工作柜应和幼儿的分开,以免幼儿混淆。如果教师没有专门的工作柜,可以把物品存放在柜子较高的地方,也可以在架子上钉一个小帘子加以区分。

美工区的材料非常多,以至于有时现有的家具无法容纳。教师可以充分利用美工活动的空间来放置部分材料,例如在墙上钉上挂钩,将某些材料挂在墙上,而不占用柜子;在墙面适宜的位置钉一些收纳袋,分门别类存放美工材料。空的饼干盒或鞋盒等可以放置一些零碎的美工材料,用起来坚固,看起来整齐,是较好的储存器具。

另外,美工活动区的材料也要根据教育内容经常更换,如在中班"秋天"的主题活动中,投放了很多各种各样的材料,有树叶、画好轮廓的水果、水粉颜料、毛笔等。刚开始,幼儿对印树叶、涂画水果很感兴趣,涂上颜料拓印在纸上,再贴上各种画好的水果,后来他们的兴趣逐渐减弱,该区的幼儿也越来越少,为了激发幼儿的兴趣和满足其发展的需要,便投放了新的活动材料,如小材料筐、皱纹纸、扭扭棒、毛线等,幼儿对新材料产生了兴趣,有的用蜡笔描画树叶,有的用皱纹纸粘贴菠萝,有的把毛线剪碎粘贴猕猴桃。随着主题活动的深入,幼儿充分发挥想象,用树叶粘贴、添画出了富有童趣的动物、人物、房子等各种画面。

四、科学探索区环境规划创设

科学探索区是幼儿园教室内某一区域所创设的科学教育活动场所,它虽然占地不大,内容却可以丰富多彩,是幼儿接触最多,活动开展最方便的区域,也是最直观的科学教育活动场所。幼儿可在科学探索区中自由选择、操作和探索材料,从中获得科学经验,促进认知能力的发展。

(一) 区域布局

在规划活动室空间的时候,教师应为科学探索区安排较大的活动空间,以便于幼儿有充分的空间进行科学探索、科学实验。为避免科学探索区的声音干扰其他区域儿童的活动,教师应本着动静分隔的原则,将该区与图书区、美工区等较安静的区域分开,而与角色活动区、建构区等较吵闹的区域相邻。

科学探索区可以放在靠近走廊或窗户的地方,一方面,走廊或窗户可放置一些植物作为自然角,既便于幼儿观察各种动植物,也可以节省活动室内的空间(如图 6-23);另一方面,靠近走廊或窗户也便于幼儿利用阳光开展与光有关的探索活动,如利用放大镜聚光燃烧纸片等。

另外,如果条件允许,根据科学探索区的内容种类、幼儿与同伴和教师的交往密度、出入方便等可设置多个活动区,如有玩水区、动植物标本观察区、摆弄操作发现区、模型制品观察区等。

图 6 - 23

(二) 区域主题环境设计

设计科学探索区时,教师应考虑区域内的空间、结构、形状等因素,周密规划、科学安排,尽可能满足各类科学探索活动的需求,兼顾美观与实用。考虑物品摆放的需要,橱柜多数是开放式的,同时也可作分隔活动区域使用。

自然角在活动室内所占面积小,所需材料简单、易备,效果直观、易懂,可以利用走廊、窗台、墙角、柜面等空间进行布置,这样可以节省活动室的空间。

玩水区也是科学探索区一个重要的部分,如果条件允许,可在走廊或活动室一角,甚至在幼儿园内开辟。可开辟成饲养小蝌蚪的体验场,让儿童在玩水、饲养蝌蚪的整个过程中感受水流的特性,体验生命成长的奥秘。

摆弄观察区可用桌子或架子来陈设科学设备,按照感光、探索力、探索磁、科学器皿等不同作用来分门别类的放置设备。如一般将显微镜、望远镜、折射镜等放在一起,方便幼儿观察感知不同镜的作用及工作原理;将杠杆、挂于杠杆上的沙包等力学工具放置在一起,让幼儿能观察感知动力臂长短的原理等。

科学探索区的墙壁、天花板也可充分利用,如把天花板刷成蓝色,变成宽阔的天空,上面挂满了飞船、卫星、火箭等飞行物体,墙壁用来挂地图,或制作一棵"大树"贴在墙上,用来陈列各种动植物标本。这样,幼儿进入了活动区,就感到既神秘,又有趣,对活动也能十分投入。

科学探索区的开辟要奉行节俭、效率的原则,避免过多地占用教师的精力,同时要在安全保护等方面做好准备与预防。

(三) 区域材料的准备

科学探索区中投放的材料是否适宜将会直接影响幼儿的科学探究兴趣。教师应赋予材料以鲜活、生动、真实的情感意义,贴近幼儿生活,并根据幼儿的不同发展水平投放不同层次的材料,促进幼儿在不同水平上获得发展。

按照不同的教育目的及作用,科学探索区的材料主要可分为以下几类:[①]

1. 探索生物和非生物的材料

(1)生物可以包括植物、动物和微生物,通常使用的是前两者。

植物以适宜盆栽的为主,不宜过分高大;宜选择颜色鲜艳、生命力强、有较强观赏价值的常见植物;应该是无毒、无刺、不会对幼儿产生不良影响的品种。常见的有观花植物:矮牵牛、水仙等;观叶植物:吊兰、含羞草等;观果植物:如金橘、石榴等。还可选取花枝进行插花,装饰自然角。

养殖的动物主要作为幼儿观察的对象,通过活动培养观察的习惯,并使之学会简单技能。因此应选择个体小、管理方便,而且便于幼儿观察的种类,最好随季节变化经常更换种类。比较适合饲养的动物有金鱼、小蝌蚪、家蚕等。

还有制作用的相关物品或标本:种子、树叶、果实、昆虫、羽毛等。

(2)非生物:包括各种实物、岩石、矿物、贝壳、横纵切面的树枝等。

2. 探索光的材料

放大镜、平面镜、凹透镜、凸透镜、三棱镜、万花筒、望远镜、显微镜等,以及能在放大镜下观察的各种标本和实物,如昆虫标本、羽毛、化石等。

例如,可利用放大镜和纸片,在镜下聚太阳光的地方放纸,纸片随温度增加而烤焦甚至燃烧,感知光的能量。三棱镜可以用来制作"彩虹"。

3. 探索磁现象和电现象的材料

磁性材料:各种形状的磁铁、能磁化的材料(曲别针、图钉、铁片等)、不能磁化的材料(果壳、纸、木条等)、其他材料(电池、铜丝、玻璃棒等)。

例如,可提供多块磁铁和不同材料的物品,让幼儿试试看哪些东西能被磁铁吸住,或启发幼儿用两块磁铁做异极相吸、同极相斥的实验。

4. 探索力的材料

动定滑轮、斜面板、天平、降落伞、陀螺、各种质量的砝码、小球、木板、金属片等;探索浮力的各种木块、石头、玻璃弹珠、小钢球、棉花、乒乓球、泡沫塑料,各种盛水器皿;生活用品如铅笔刀、水果榨汁机等。

5. 探索物质形态及其变化的材料

包括各种液体、固体以及各种器皿。

6. 感觉训练的材料

7. 测量工具

常见的是气象日志,是幼儿用来记录日期和天气状况的。气象日志形式要活泼多样、富有童趣,且便于幼儿操作;内容应尽量选用图形,少用或不用文字。

8. 各类科学类图书及匹配的图片

9. 其他的材料、实物和设备

(四)区域的管理

科学活动室是幼儿观察、操作、发现的专门场所。因而,活动室的用具形状设计、色

---

① 秦铭蔓,刘珍珍.幼儿园科学区角材料的选择[J].青春岁月,2011,(16).

彩、面积分隔等都会直接影响活动室的教育效果,所以必须认真细致地规划。

　　幼儿园科学教育活动区的内容丰富多彩,而且随季节的交替经常更换,可使活动区始终保持勃勃生机,但对教师来说却是件繁杂的事情。因此,教师除了自己亲自准备活动区的材料外,还可发动幼儿与家长共同收集,也可以把他们平时制作的小作品摆到自然科学角来,但是材料也不是越多越好,太多了往往会使幼儿分散注意力。科学教育活动材料既要满足不同层次幼儿的需要,又要有条理。为了充分发挥材料的作用,班与班之间可以交换使用,还可与园地和科学发现室的活动联系在一起进行,如在科学发现室未完成的实验、制作,可带回科学教育活动区继续进行,自然角已经发芽的种子可到园地继续种植。教师在整理科学教育活动区时,要有意识地让幼儿了解教师所做的工作,以便发动个别或全体幼儿轮流参与科学教育活动区的劳动。这样不仅可以减轻教师的负担,调动幼儿的积极性,还可以培养幼儿的劳动习惯与技能。(如图6-24)

图6-24

　　《纲要》指出:科学教育应密切联系幼儿的实际生活,利用身边的事物和现象作为科学探索的对象。幼儿已有的生活经验是探索未知的基础。因此,教师要引导幼儿做有心人,随时随地收集生活中的一些废旧物品,引导幼儿在探索活动中根据需要自由选取材料。如可以用塑料袋、塑料瓶子、气球、皮球等做各种有趣的空气实验。

五、语言区环境规划创设

【问题情境】

　　通过对幼儿区域游戏活动的观察和了解,教师发现自己班和其他班上都存在着这样一个问题:在语言区的区域游戏活动比较难组织,在区域中投放的材料没有新意,如头饰、指偶以及一些自己制作的小图书,幼儿都较少利用来开展游戏,教师也无法指导幼儿在语言区里游戏,图书因投放时间过长变得破损严重,内容陈旧。

　　思考:语言区到底应该怎样设置,投放什么样的材料,以满足不同层次幼儿的发展需求? 如何让幼儿对语言活动感兴趣? 如何让语言区的活动能够与外面的游戏相结合从而活跃起来?

(一)区域布局

　　幼儿园语言区域主要是为幼儿提供具体的语言素材的实践活动的场所,是教师依据语言教育活动目标、幼儿感兴趣的语言活动材料及活动类型,有目的、有计划地创设语言环境,在活动室的空间划分出语言区域,促进幼儿与材料、环境、同伴的充分互动,从而使幼儿获得个性化语言学习与发展的活动场地。幼儿的言语是通过由词组成的句子表达出来的。幼儿言语发展的水平是可以从所说的词汇种类、句子结构类型与句子长度看出来的。语言区域的创设及相关的活动为幼儿提供了具体的语言素材和实践条件,它以游戏式的环境和多样化的材料,满足幼儿不同的操作兴趣,从而激发幼儿说话和阅读的积极性和主动性。教师应在准备材料上下功夫,通过提供充足的、适宜的材料,通过有层次性地呈现材料,不断调动幼儿已有的生活经验,使其在与环境和材料的互动中积极地、愉快地开展语言游戏。常见的语言区环境设置主要有:试听角、播音角、阅读角、故事表演角等。

图 6 - 25   图 6 - 26

图 6 - 27   图 6 - 28

思考:从上面四幅图中,你能归纳出几种语言区域活动的主题类型?不同的主题环境对区域的布局和位置有什么要求?材料是如何投放的?

(二) 区域材料的投放

1. 视听角

在视听角内,教师可以根据幼儿自身条件投放电脑、电视机、DVD 等视听设备。幼儿从试听角看到的和听到的故事、电影、电视中体验各种情感,增进他们的想象力,提高语言技巧。例如,在试听角内播放自然界的音响以及动物的鸣叫声,在培养幼儿听力、想象力的同时,激发幼儿对自然的热爱。

2. 播音角

幼儿的语言受方言的影响很大,特别是刚入园的幼儿,由于发音器官不够成熟,发音不清的现象屡见不鲜。例如,有些幼儿从外地调入某个幼儿园,语言的环境与普通话的要求有很大的差距。在播音角可以让幼儿学会专注地倾听,区别地方口音和普通话的不同发音,模仿标准普通话发音,让幼儿在倾听、欣赏、模仿中学会正确地发音。

(1)模仿声音。教师可以提供各种动物的头饰、玩偶等,让幼儿一边玩一边模仿动物的叫声,激发幼儿对声音的感受和辨别能力。

(2)小小播音员。鼓励幼儿通过电视主持人、小记者等媒体形式,通过与人交往,促进幼儿运用语言能力以及社会性的发展。例如,让一些幼儿当解说员的角色,让另外一些能力强一点的幼儿充当旁白的角色,把分角色表演引入到幼儿的语言活动中来,这样可以提高幼儿兴趣,让他们注意力集中,更有利于幼儿之间的分工协作,让幼儿有一定的角色意识,动静结合。在材料投放方面,可以用外形与电视机相似的包装盒,做成电视机模型,让幼儿在"电视机"里讲故事、念儿歌等。

(3)电话亭。利用废旧的电话机,或各类材料制作的电话机模型,让幼儿相互"打电话"或说悄悄话。

(4)巧用录音机。除了利用录音机让幼儿倾听各类材料外,还可以让幼儿与录音机"人机对话",让幼儿自己将故事、儿歌等录制下来,放给其他幼儿听,以满足幼儿自我表现的欲望,并进一步激发他们参加此类活动的积极性。

3. 阅读角

阅读角一般设置在光线充足的地方,并配有适合幼儿阅读特点的书架和桌椅,地面铺设毯子或地垫等。在图书阅读角内,摆放各种各样大小、厚薄、质地不一的图书,让幼儿接触不同类型的图书。同时,图书要经常更换,或者动员幼儿把家里的旧图书或者新图书带到幼儿园一起分享,让幼儿相互讲述自己熟悉的故事,介绍自己的新书,保持幼儿对图书的持续新鲜感。同时,教师还可以根据近期主题有目的地投放一些用于幼儿查阅资料的科技书籍(图书色彩鲜艳、文字少),例如,结合"会发光的物体"的主题,围绕"让幼儿初步了解灯的种类和发展历史,知道哪些物体能发光,了解光的用途"这一活动目标,在区域里投放一些书籍或者图片,从而落实活动目标,促进幼儿关注新的科技书籍。

图 6 - 29　　　　　　　　　　　图 6 - 30

4. 故事表演角

教师可以和幼儿一起根据故事的角色、情节制作相关的道具,也可以投放各类人物、动物、植物等造型或头饰、手偶等,让幼儿进行装扮与模仿游戏,表演故事情节。

(三) 区域的管理

1. 让幼儿在情景中说话

各种类型的语言区为幼儿的语言交往提供了很多情景。教师利用区角的情境以及紧随的情感体验是专门语言教育活动中所不具备的优势,多样化的语言区域情景和材料可以激发幼儿言语的欲望和热情,让幼儿在发现问题和提出问题的同时,引导幼儿学会运用情景和材料找到答案,并鼓励幼儿把自己的发现自豪地与同伴分享。

2. 实现真正意义上的语言交流

让幼儿在区域中选择喜欢的姿势,放松自如地与同伴游戏、交流,给幼儿营造一个真正轻松自由、温馨的语言氛围。①

六、益智区环境规划创设

益智区是幼儿利用各种不同的益智玩具或益智材料,通过操作与共同游戏的方式,开动脑筋,进行空间思维、逻辑思维等一些活动,从而促进幼儿智力发展的活动区域。

在益智区,幼儿根据自己的兴趣,运用五官进行观察比较,在摆弄、操作、造型以及参与各种棋类活动的过程中识别物体颜色,比较物体大小、长短、高矮、粗细,进行分析、综合、推理、概括,发展感知觉能力、思维力、想象力、创造力。这类活动可以激发幼儿探究的兴趣和求知的欲望,以及细心和专心做事与独立解决问题的能力。因此,在幼儿园区域活动中设立益智区是十分有必要的。

图 6 - 31　　　　　　　　　　图 6 - 32

思考:上图分别属于什么类型的益智活动?对于这类活动,空间布局应考虑什么原则?从图中的活动来看,益智区的活动可以分成哪些类型?它们对空间布局和设计的要求有哪些?

(一) 区域布局

益智区活动大多是需要思考的活动,因此比较安静,为避免受到干扰,布局时可与图书区、美工区等相邻。

益智区最好只有一个入口,且不宜设置在通道上,教师可将该区域设置在活动室的某个角落,用放材料的矮柜子围住没有墙的一边,也可用大的木板、纸板、纸盒等来做隔

---

① 汝茵佳.幼儿园环境与创设[M].北京:高等教育出版社,2006.

断,使区域呈半封闭状。这样,幼儿就可以在区域内专心致志地开展棋牌类、数学类活动,不用担心各种卡片、棋牌、拼图等在玩的过程中散落而滚得太远,或因别的小朋友来回走动而破坏。

益智区根据益智内容,可分为四大部分:一是数学活动区;二是构图造型区;三是棋类区;四是扑克牌区。根据这四大部分,可将益智区划分为四个小区域。

数学区应该将计数、计算、分类、排序、测量等工具分开放,以方便幼儿根据需要取用。这些工具可放在架子上,有的也可以放在布袋内。

构图造型区有很多不同类型的材料,如塑料拼图、纸片拼图、皮筋、回形针等等,这些不同材料应用小篮分开放置。

棋类和扑克牌也应有自己存放的区域,一般而言,这两类材料所占用空间小,为了更好地利用空间,均可将这些材料放置在墙面上的布袋内,一方面方便幼儿取用,另一方面锻炼幼儿勤于收拾这类材料的能力。

益智区由于操作的物品比较多而小,为避免幼儿来回取放时碰倒材料,教师应将放置材料的架子与活动区域分隔,并用白色、红色或黄色的油漆做出明显的界线,如果担心油漆的印记不容易清洗,教师可以用即时贴或胶布代替。

(二) 区域材料的投放

根据不同教育目的,益智区的材料大体可分为以下几类:

1. 数学类:如数字卡片、计算器、排序板、分类盒、计数卡、串珠、钟表、迷宫、尺、笔等等。

2. 构图造型类:如七巧板、几何拼图、皮筋构图、按某种特征分类的卡片(A. 同属性分类,如按蔬菜、瓜果等分类;B. 按形状、大小分类,如三角形、正方形、圆形、梯形、长方形、椭圆形等;C. 按颜色分类)等等。

3. 棋类:如斗兽棋、飞行棋、跳棋、象棋、围棋等等。

4. 扑克牌等牌类。

(三) 区域的管理

益智区的材料运用在游戏时多半有一定的规则,教师可将孩子的活动规则做成标志牌和材料放在一起,幼儿一看不用老师说就知道该做些什么。如串珠材料,看着图开始串,标志牌上的规律有:红——黄——红——黄这样的二色或三色顺序规律,也有以形状为序的规律标志。当然,幼儿可以根据自己的爱好和能力水平自主选择进行游戏。

有些益智活动的难易程度不同,教师可根据幼儿的年龄特点、最近的教育目标及幼儿的实际发展水平,设计材料星级化,给予幼儿自主选择的余地。在益智区内的大多数材料或装材料的篮子上,可标上"★",有的是一颗,有的是两颗,有的是三颗。这些星是材料操作难易程度的标志,一星是最容易的,每个人都需要掌握;二星是在一星的基础上比较难一点的;三星是最难的,提供给发展得好的幼儿去挑战自我。有了星级的区别,教师可以有目的地去指导幼儿、观察幼儿,同时幼儿也可以根据自己的能力自主选择游戏内容,体验游戏带来的成功喜悦,设置挑战可以刺激幼儿不断挑战自我,挖掘幼儿发展的潜力。

七、表演区环境规划创设

幼儿对音乐的专注与记忆、领悟与创造,是别的活动所不能比拟的。他们喜欢进行敲打,制造声音,创造出各种类型的节奏。他们经常是在有意或无意中把听过的歌曲完整准确地进行演唱,他们更乐于在动听的乐曲中做着手脚或身体的舞动,以表达对音乐作品的理解或感受。同时,表演游戏也是深受孩子们喜爱的一种游戏活动。在表演游戏中,孩子们可以充分发挥自己的想象,并努力去营造快乐的氛围,与同伴交往并获得快乐体验。因此,在班级中建立音乐表演区,可以为幼儿提供一个良好的活动空间与进行表演的物质条件,这将有助于他们智力因素与非智力因素的整体协调发展。

图 6-33   图 6-34

思考:上图中对于表演角的空间布局和设计,对你有什么启发?表演角的材料投放应该考虑哪些因素?

(一) 区域布局

表演区活动比较热闹,布局时可与建构区、角色游戏区等相邻。表演区不需要很大的空间,可根据本班幼儿对表演活动的兴趣及活动的材料数量来综合考虑。一般可以在教室的一个角落精心布置一个小舞台,以引起幼儿的注意,激起他们登台表演的欲望,吸引幼儿参与音乐活动。表演区小舞台的设计不需投入很大的财力、物力,只要用一块绒布、一些彩色纸条,稍加修饰便可利用。

教师可以在墙上用一些彩绸布、紫绒布、窗纱布等布来装饰小舞台,设计成平面或皱折等样式,也可以用一些音符来装饰布料,营造舞台背景的感觉。用布装饰成的小舞台简单、实用、方便、快捷,是教师首选的方式。

如果条件允许的话,教师还可以设计屏风式的活动小舞台,这样是为了在表演过程中遮住孩子的身体,增加表演时的趣味性、神秘感。且屏风在活动时打开,不用时可折叠起来,节省空间。除此之外,教师还可以设计电视屏幕式的立体小舞台,用大的纸盒制作成电视屏幕,放在桌子或架子上,幼儿站在后面,如同在电视里进行表演。

总之,表演区小舞台的搭建要符合幼儿表演的需要,在大小上可根据参与活动的人数来合理设计。

(二) 区域材料的投放

我们对音乐活动的理解,往往停留在唱歌、敲打乐器或舞蹈律动上,其实人们说话、朗诵的声调语气同样反映出声音高低、强弱的变化,也可以说是一种音乐,因此,投放材料时,特别在磁带和服装道具选择方面要与故事、儿歌、戏剧表演的内容有关,这也是我们将音乐区扩展为表演区的原因。其基本材料主要包括:①

1. 电源与录音机

录音机的配备没有特别的要求,但是在连接电源时,最好选用电池比较安全,如果直接插接电源,电源位置一定要在幼儿摸不到的地方,由教师插好后再进行使用。

2. 录音笔

(1) 设置录音笔:幼儿可将自己唱歌、朗诵、演奏的声音进行录音。

(2) 分类的歌曲文件夹:可分别是录制儿歌、歌曲、故事、音乐等内容的录音笔文件夹,为了便于选择和收拾整理,可分类建立幼儿歌曲文件夹。

3. 弹奏的乐器

(1) 购置的乐器:碰铃、手铃、双响、响板、铃鼓、三角铁、沙锤、木鱼、钗、锣、铝板琴等。

(2) 自制的乐器:装有沙子、豆子产生不同的声音的音阶瓶、皮筋琴、哑铃、木块、筷子棒等。

4. 服饰道具

(1) 服装:少数民族服装、小动物服装、表演的纱裙等。

(2) 饰物:动物、人物的头饰、面具,戴在头上或手上的花环、彩带。

(3) 道具:绸带、纱巾、扇子、花球、木偶、纸偶等。

(三) 区域的管理

比起其他活动区,表演区受到较多争议,一些教师强烈反对让幼儿自己操作录音机和自由地敲打乐器,这样会制造危险和噪音,对教室气氛产生不利的影响,而有的教师却支持,认为录音机和节奏乐器不该严加管制,而应有机会让幼儿自由地操作和实践。其实,教师只要组织管理好幼儿与材料,表演区完全可以变成幼儿自由发挥的舞台。

第一,要让每个幼儿学习掌握操作录音机的技巧。使用之前,可以组织全体幼儿对录音机有所认识和了解,将各个按键的标记放大画在黑板上,讲解所代表的功能,请每个幼儿试着进行亲自操作。当然一次活动不可能让所有的幼儿都能掌握,那么在每天使用录音机的时候,教师可有意识请一些幼儿来操作,给他们指导,巩固所学内容,同时教师要放开手脚,相信在活动区中幼儿之间的相互学习和相互带动会大大提高他们的操作技巧。

第二,让幼儿了解掌握各种乐器演奏的方法。教师在交待各种乐器名称的同时,鼓励幼儿说出每件乐器声音的特色,如碰铃清脆、三角铁像钟声……那么这些美妙的声音是如何演奏出来的呢? 怎样才能使乐器发出好听的声音呢? 让幼儿分辨出哪些声音好听,哪些声音不好听,从而掌握正确的演奏方法,一旦幼儿学会正确的演奏方法,自然会减少噪音。另外,一次投放乐器的数量不要太多,因为幼儿常常喜欢合奏,可选择重音、轻音配合协调的乐器同时投放。

第三,选择幼儿熟悉的录音磁带。让幼儿学习或表演与他们活动、游戏有关的内

---

① http://www.muzhijy.com/lw/yjqy/215991.html.

容,会增加活动的兴趣和积极性,也会提高他们的技巧,教师可将一些磁带中的内容筛选后进行重新组合,把学过的歌曲或故事录制在磁带上,让幼儿进行巩固复习。另外,还可根据幼儿年龄特点选择一些内容,让幼儿在听的过程中进行学习,凡是关于小动物、日常生活和交通工具的内容幼儿都非常喜欢,而且易于接受。

第四,选择与磁带内容相关的服装道具。除了一些装饰性的服饰外,在服装道具的使用上可根据磁带中所提供的内容进行变换和丰富,如根据故事《三只蝴蝶》中的角色,便可提供蝴蝶头饰、做翅膀用的纱巾和三种不同颜色的花,鼓励幼儿利用服装道具进行表演游戏。再有,可以根据不同少数民族的乐曲,提供一些有代表的服饰,如新疆帽、藏族彩条围裙等。如果服装道具与录音磁带的内容相互联系,那么就能让幼儿在活动中充分运用。

任务四 幼儿园区域环境创设技能实训

训练一:班级活动区域规划与设计

【实训目标】

1. 培养学生根据幼儿特点选择区域活动内容的能力。

2. 培养学生对活动室空间进行合理规划、合理布局、合理设计的能力。

3. 培养学生根据现有条件,合理利用资源进行环境创设的能力。

【内容与要求】

1. 根据大班幼儿的身心发展特点以及游戏发展水平,设计大班幼儿活动区域。

2. 根据活动室的空间、设施和设备等条件,按照活动区规划要合理布局、各区域之间要界限明确以及活动区布置要半封闭式的设计要点,对大班幼儿的活动室进行区域环境规划设计,写出设计方案,说明自己的设计思想。

【实践与训练】

请根据以下主题素材,为大班幼儿尝试绘制"活动区域环境布局图",并填写《区域游戏内容、材料提供及玩法设计表》。

主题名称:小问号

主题目标:

1. 对生活中的自然、科学现象产生兴趣,乐意与同伴一起进行探索操作,体验合作与成功的快乐,积极尝试用简单的方法发现问题。

2. 善于运用多种感官感知、发现、观察生活和大自然中的各种现象,并大胆提出问题。

3. 能够运用多种方法尝试解决简单的问题,获得简单的科学知识和简单的操作技能。

墙面环境创设:

1. 设置"小问号"专栏,收集幼儿的问题。

2. 设置"小博士"专栏,教师和幼儿共同寻求解答"小问号"的问题。

问题1:活动区域环境布局图(在空白处绘制)

问题2:区域游戏内容、材料提供及玩法设计表

区域名称	游戏内容	材料提供	游戏玩法

【实践与训练】

1. 根据活动区域规划设计的科学性和设计思想阐述的准确性为学生的设计评分。
2. 根据设计的合理性、创造性以及绘制的规范性为学生的设计图评分。

训练二:活动区域进区卡设计

【范例】

　　幼儿每天都会到活动区中进行游戏,老师想了解幼儿各个区域活动的情况,却苦于无法及时收集幼儿的游戏动态。这时,进区卡便发挥了它的拓展功效。例如,在进区卡的旁边,老师设置了一个"小主人"的展示板。"小主人"以大表格的形式出现,竖格是代表幼儿姓名的图形标记,横格则是各个区域的图案标记。每天区域活动结束后,幼儿要选择一张代表自己姓名的标记图案,粘贴到今天所活动的区域栏目中,一个月更换一张。这样,一方面,便于教师更全面了解幼儿的发展状况,防止幼儿"偏区选择"导致发展的片面性,而且教师还可以根据幼儿的"偏区"情况,及时调整活动区材料,激发幼儿对其他活动的兴趣。另一方面,可以提高幼儿到每个区域中活动的兴趣。月小结时,教师引导幼儿进行自我评价,每次,孩子们都能以各区都活动到了为荣。坚持一段时间后,幼儿各方面的能力都得到了均衡有效的发展。

【实践与训练】小班区域活动进区卡设计

【实训目标】

1. 培养学生根据小班幼儿特点进行区域活动管理设计的能力。
2. 培养学生的创意构思以及运用美术设计原理进行实用美术设计的能力。

【内容与要求】

1. 为小班幼儿的区域活动设计进区卡方案,并画出或做出设计小样。

2. 结合小班幼儿常设的活动区,进行区域人数标志牌及选区标记牌的设计,画出设计图或做出设计小样。要求所设计的区域不少于 2 个。

【实践考核】

根据设计的合理性、创造性以及绘制的规范性为学生的设计图或小样评分。

训练三：角色游戏区域环境设计
【范例】

图 6 - 35

【实践与训练】 小班角色游戏区域环境的设计

【实训目标】

1. 培养学生从教育教学目标出发设计活动区域环境的能力。
2. 培养学生根据区域活动特点准备与投放材料的能力。
3. 培养学生对活动区域进行管理的能力。

【内容与要求】

1. 参照区域环境的设计模式,对幼儿角色游戏的区域环境进行设计。
2. 能针对一个年龄班幼儿的特点,写出设计方案。
3. 方案应包括区域布局、区域环境设计、材料准备以及活动区管理四项内容。

【实践考核】

根据设计方案的合理性和设计思想阐述的准确性为学生的设计方案评分。

训练四：表演游戏区域环境的设计
【实践与训练】 中班表演游戏区域环境的设计

【实训目标】

1. 培养学生从教育教学目标出发设计活动区域环境的能力。
2. 培养学生根据区域活动特点准备与投放材料的能力。

3. 培养学生对活动区域进行管理的能力。

【实践与训练】

1. 参照区域环境的设计模式和要求,对幼儿表演游戏的区域环境进行设计。
2. 针对一个年龄班幼儿的特点,写出设计方案。
3. 方案应包括区域布局、区域环境设计、材料准备及活动区管理四项内容。

【实践考核】

根据设计方案的合理性和设计思想阐述的准确性为学生的设计方案评分。

训练五：幼儿园见习与评析

【实训目标】

1. 培养学生有目的地观察幼儿园区域环境的布局及特色的能力。
2. 培养学生观察幼儿在区域环境中的活动情况的能力,学会写观察反思。
3. 培养学生综合运用所学参与幼儿园区域环境创设的能力。

【实践与训练】

1. 观察幼儿园区域活动的整体创设情况、各功能区的分布及材料的投放,并做记录。
2. 根据其中一个区域活动中幼儿的活动状况,撰写一篇观察记录及反思。
3. 参与幼儿园的区域环境创设,并投入使用。

【学习小结】

幼儿园区域环境的创设是影响保教质量的重要因素,决定着幼儿园"以游戏为基本活动"原则的贯彻与实施,影响着幼儿的全面发展。幼儿在良好的区域游戏环境中活动,行为比较专注、认真,敢于探索,社会参与性、交往行为和创造性表现也会更为突出,所以幼儿园必须重视区域游戏环境的创设,创设有利于幼儿主动游戏的环境,注重自然性、互动性和相容性等。区域游戏材料是幼儿主动建构知识的支持物,所以游戏材料的投放既要结合幼儿的年龄特点和兴趣,又要兼顾个体差异,材料还要丰富、多样、趣味,做到适时、适量、适宜,并且不断更换。本章重点围绕着如何创设一个能吸引儿童、引导儿童、支持儿童活动的游戏环境,借助幼儿园游戏活动中的案例,阐述幼儿园区域环境创设的具体方法和创设技能,并能运用于实践中。

【思考与练习】

1. 什么是幼儿园活动区域? 幼儿园活动区域有什么教育价值?
2. 创设幼儿园活动区的原则是什么? 有什么特点?
3. 实地观察幼儿园都分为哪些活动区? 不同年龄班活动区材料都有哪些不同?
4. 通过见习实习活动,观察幼儿园教师指导的一个活动,了解教师是怎样引导幼儿与环境相互作用的。

5. 帮助幼儿园一个班级的教师创设一个有利于幼儿发展的角色游戏环境,并简述这样做的理由。

6. 请根据以下主题教育内容设计班级活动区域。

(1)美丽的春天　(2)快乐的节日　(3)可爱的动物　(4)数的世界

【阅读链接】

素材一　活动区域教师观察与指导要点

1. 幼儿的兴趣如何?(参与、模仿、表现、合作等)

2. 幼儿是否按提示要求进行活动? 创造性表现如何? 是否有挑战欲望? 思维能力如何?

3. 该项运动的掌握能力和积累经验的效果如何? 重点方法的掌握存在什么问题? 提高了什么能力?

4. 运动强度和密度如何?

5. 幼儿遇到困难的态度如何?(观望、逃避、自想办法、求助或其他)

6. 能否与同伴友好、关爱、谦让或合作游戏?

7. 遵守活动规则的意识与竞赛欲望的情况。

8. 保育与安全问题,自我保护能力方面。

9. 预设活动是否需要及时调整。

10. 视场上实际情况,教师进行积极有效的间接或直接互动、引导、鼓励、积极评价、赞许、启发、材料暗示、同伴互动或分享经验等。

素材二　活动区域间的区隔

一、开放式空间和区隔式空间

活动室的空间安排一般有两种,一种是开放式的,一种是区隔式的。这两种空间安排对幼儿的游戏行为有不同的意义。开放的空间便于进行团体规则性游戏、平行游戏和粗大动作的游戏,而区隔的空间则便于幼儿开展多种组群的合作性游戏,以及通过操作进行的探索性游戏。区隔的空间还会使幼儿游戏的空间密度和社会密度处在变化之中,不同的密度对幼儿游戏行为各有利弊。所以怎样安排最有利于幼儿游戏的空间,并使幼儿通过游戏得到发展,这是值得每一个幼儿园教师思考的。

二、活动室的各种区隔方式

活动室各种不同的区隔方式同样与幼儿的游戏行为关系密切,游戏区的区隔是否灵活会影响到幼儿对不同的游戏需要的满足,对不同的游戏内容的表现,而要使区隔显得灵活,关键是区隔物的选择和利用。一般来说,区隔物必须轻便灵活,易于变化,能为幼儿的游戏变化的需要提供方便。在做区隔时,幼儿可以任意选择地方,还可以任意将某一个空间区隔变大或缩小,不需要的时候,随时可以收起来。这样,幼儿的游戏行为就显得非常主动。

此外,还可以用矮柜进行空间区隔,这种区隔的好处在于幼儿在柜子上面可以操作,柜子里可以放置需要的玩具,柜子较矮而不会阻挡幼儿的视线,所以幼儿对整个活动室一目了然,便于幼儿对区域的选择和适当的流动。一般来说,用柜子进行区隔的空间相对固定,在一段时间之后,柜子本身也可以重新组合,进行区隔调整。

三、各种室内空间的利用

有些幼儿园一方面嫌空间太小,玩具不够,一方面又有不少闲置的空间和材料,或者空间功能单一,有用的空间和材料长时间闲置着,幼儿无法参与,不能激活环境与幼儿互动中各自的潜力。所以,当我们抱怨空间太小,幼儿游戏太拥挤的时候,必须先想一想,还有哪些空间闲置着,这些闲置的空间可以为幼儿的游戏发挥怎样的作用?

素材三　综合案例分析

案例一:

班上有一个小朋友叫宇航,他非常爱玩。一天,宇航正在教室的一角玩磁性游戏。只见他把一个回形针吸在磁铁上,然后又把许多曲别针放在吸着的曲别针上,观察它的变化。

案例二:

妈妈给宇航买了一个磁铁飞镖,在玩的过程中,他无意间发现两个飞镖的头总是碰不到一起,接着他又把两个磁扣碰在了一起,他还尝试着把飞镖和磁扣碰在一起,想看看到底会有什么情况发生。

解析思路:

好奇、好动、求知欲强是幼儿的天性,这种天性无处不在、无时不有。从上述两个片段中不难看出宇航对事物的好奇探索是不受时间、空间限制的。幼儿从出生起,就在不断地探索着世界。对幼儿而言,探索就是玩。幼儿认识事物,也是通过摸、看、尝、闻、听、抓等行为进行探究,幼儿通过摆弄事物、通过玩来发现问题,并根据已有经验,运用初步的逻辑思维能力来尝试着解决问题。所以,我们经常会看到幼儿在不断地摆弄物体。

1. 教师在创设科学区角活动环境时,注意操作材料的探索性,将问题隐含在材料中,让幼儿在活动中发现问题、提出问题、解决问题,让他们的潜能得到最大限度的开发。

2. 教师要结合日常生活,在自然真实的情景中观察孩子的表现,而且要求教师在游戏中的观察是耐心的、多角度的、隐性的。

主题教育活动以其多方面整合教育的优势逐渐成为幼儿园教学的主要形式,主题墙正是其中的一种表现形式,在每一个主题进行的过程中,都要求教师进行主题墙的创设,那么如何让主题墙真正对幼儿的学习和发展发挥作用呢? 主题墙饰的创设中要努力调动幼儿的"三性",即积极性、主动性和创造性。如何有效地调动幼儿的"三性"? 关键在于让幼儿真正成为墙饰的创作者和设计者。在创设主题墙饰中我们要注重让幼儿自己动手创作,亲身体验,这有利于拓展和激发幼儿的学习兴趣,引发幼儿自我学习的好奇心和主动探究的求知欲,从而取到事半功倍的教育效果。

【学习目标】

1. 掌握幼儿园主题活动环境创设的基本步骤
2. 掌握主题活动环境创设过程中活动空间的布局
3. 初步掌握主题展示区以及区角环境的布置
4. 能结合实际领会主题活动展开过程中环境的跟进要点
5. 尝试根据某一主题进行主题环境的规划和创设

【问题情境】

当小班的教师带着孩子们在幼儿园里开始寻找春天,想让幼儿观察花草树木的变化时,拟想创设"春天里"的主题墙饰。但在具体实施时,却遇到各班孩子兴趣不同和兴趣点的转移问题。这时,教师紧紧抓住各班幼儿的兴趣与需要,及时调整预想计划,分别生成小一班的"小鸟俱乐部"主题墙和小二班的"春天的花"主题墙。当选定主题后,如何对主题墙进行创设?

任务一 幼儿园主题活动与环境创设概述

《纲要》指出:"幼儿园教育应关注个别差异,促进每个幼儿富有个性的发展。""儿童是活动的主体,儿童是独立的发展着的个体,只有在自主活动的过程中,儿童才能充分体验自身的存在与价值,更好地获得发展……"强调儿童是在与同伴及环境的交往和实践活动中不断发展的,教师必须给孩子自我发展的机会。根据大纲的要求在主题学习的背景下,创设相应的环境是帮助幼儿达到纲要中所提出的目标的很重要的途径。

可以说,一个主题活动环境创设的好坏反映了教师的教育观、儿童观、环境观等观念正确与否,也决定了教师的教育教学行为适当与否。

一、主题活动的内涵与基本特点

(一)主题活动的内涵

所谓主题活动,就是在一段时间内,教师根据幼儿园教育目标和内容以及本班幼儿身心发展水平和已有经验,把幼儿可能感兴趣的某种事物、现象等(如美丽的秋天、雪等),作为一段时间内幼儿学习的中心内容,引导幼儿围绕这一核心概念开展多个领域(如健康、语言、科学、社会、艺术)、多种形式(如集体的、小组的、个别的)、不同性质(如游戏活动、生活活动、学习活动等)的活动来达成该主题活动预设的教育和发展目标。

(二)主题活动的基本特点

幼儿园主题活动是一个"系统工程",在时间上具有延续性,在内容和组织上具有综合性。幼儿园主题活动具有一定的时间跨度,围绕一个主题所进行的活动,短则几天,长则几个星期、几个月。在内容上,它可以综合幼儿健康、社会、科学、语言、艺术及认知、情感、能力等方面内容。在组织形式上,它融合了教学活动、游戏活动、生活活动等组织形式。

【问题情境】

一个关于"春天的秘密"的主题活动生成与展开的案例[①]

幼儿天生就具有和自然亲近的本能,能够以自身的感受体验自然的丰富多彩。因此对老师来说,能够和孩子分享自然界是一件非常令人兴奋的事情,但是幼儿所能学到的关于自然界的最重要的事情就是认识自然界是美好和神奇的。说到了神奇,孩子们在生活中的一些小问题就表现出了他们对神奇的自然的向往。

春天是个美丽的季节,在这个季节里,我们放风筝,去春游,孩子们别提有多高兴了。春天,我班的自然角里一片生机盎然,孩子们对自然角中的动物、植物、种子发芽变化等产生了浓厚的兴趣,常常有不少幼儿挤在一起观察,并争论着它们的变化情况。因为春天,让他们感受到的不仅仅是美丽,更重要的是,春天充满了生机盎然的乐趣。于

---

① 佚名.幼儿园大班生成主题活动教案:春天的秘密[EB/OL]. (2013 - 03 - 11) http://www.baby611.com/jiaoan/db/zt/201303/11102188.html.

是,我们就在班上组织幼儿展开讨论——世界上的事物都在变化吗? 它们是怎样变化的呢? 我们还发动师生共同收集事物变化的材料,由此而产生了一系列的活动。通过观察、劳动及开展各种游戏活动,发现春天的变化,引发幼儿良好的好奇心和探索的欲望,并针对主题活动提出活动的目标和准备,最终确定一个月时间内进行相关的一系列的活动,主要有:

打击乐:春天

歌曲:春雨

社会活动:我们去春游

科学:种植丝瓜

语言故事:桃树下的小白兔

诗歌:春天

音乐:柳树姑娘

绘画:美丽的春天

体育:植树去

1. 学习内容之间的有机关联

主题活动是一个整合性活动,具有开放性,综合性,整体性的特点。往往一个主题的内容可以涉及生活、学习、语言、运动、游戏等多个方面,是一个有机的网络化结构。从本质上看它是综合课程在幼儿园教育情境下的一种具体操作形式。因为主题活动的中心内容往往是一个问题或事件,如图 7 - 1"我住的地方"。这些内容通常很自然地包含着多个学科领域。因此,也可以说,一个有意义的主题活动应该蕴含着多种教育价值,有助于达成多方面的教育目标。

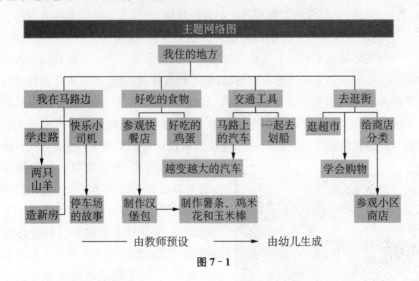

图 7 - 1

2. 活动组织的系统协调性

主题活动展开是一个复杂的过程,这是一个教师、幼儿、教育环境资源以及主题等要素之间相互作用的过程。主题活动的顺利展开离不开以下要素的协调:

(1)具有一定知识储备和教学智慧的教师。

（2）能够与幼儿的需要、生活及已有经验接轨的具有价值的适宜主题与幼儿园提供的教育资源和环境。

（3）具备基本学科知识与能力的幼儿以及相邻主题之间的衔接等。

因此，在主题活动中，活动过程的成功取决于整个系统中的各个要素之间的协调运转，无论是以教师计划为主还是以幼儿生成为主，主题活动的实施过程都是教师和幼儿的一次全新的旅程，主题的推进是教师的智慧与幼儿的需要和兴趣之间的一种碰撞，每一次的体验都是不同的。

3. 动态生成性

主题活动是教师与幼儿在特定的教育情境中，围绕主题开展的开放式探索过程。即教学内容是教师与幼儿在具体的、生动的、变动不居的主题活动中共同建构、不断创造的结果，因而是一种生成性的、多主体共同建构的课程知识。因此，不断动态生成的主题活动目标与不断丰富的主题活动内容赋予了主题活动动态生成的特性。

4. 幼儿园主题活动更能体现课程生活化的理念

对幼儿体验和感受的关注与两个方面的因素有关：教师的意识和课程的引导。幼儿园主题活动用一个中心话题把幼儿的学习内容衔接起来，使幼儿的学习内容、学习方式、学习情境向幼儿的生活世界回归。

二、主题活动与环境创设

《幼儿园教师专业标准》中明确提出：创设有助于促进幼儿成长、学习、游戏的教育环境。合理利用资源，为幼儿提供和制作适合的玩教具和学习材料，引发和支持幼儿的主动活动。

新《纲要》明确把"创设与教育相适应的良好环境，为幼儿提高活动和表现能力的机会和条件"作为幼儿园教育工作的原则之一。也就是说，重视幼儿成长和学习的环境，积极开发和利用环境因素对幼儿成长与发展的巨大潜力是当今幼儿教育巨大改革的一个教育趋向。主题活动是一个整合性活动，具有开放性、综合性和整体性的特点。往往一个主题的内容可以涉及生活、学习、语言、运动、游戏等多个方面，是一个有机的网络化结构。主题墙饰主要是在幼儿园各班级教室中，以各学期相关教育内容为主题的各类墙饰设计。包括教室主、副墙饰设计，环境图示设计等。要求主题鲜明突出，体现相关阶段教育内容，在教室整体的设计风格和内容上都要有明确的呼应和协调。这类墙饰会因各时期教学目标的改变而更换频繁。具体而言，环境是幼儿园主题活动设计与实施的要素，首先，表现为环境生成主题活动。例如，"塑料袋"的主题活动就是源于幼儿每天接触的各种各样的塑料袋，因为幼儿每天在家中、幼儿园、商场、小区或者在经过垃圾堆的时候总能接触到塑料袋，从收集塑料袋，再到研究塑料袋的来源、功能、危害以及如何把

图 7-2

塑料袋变害为宝等方面,一个"塑料袋"的主题一步步地发展深入和丰富起来了。其实幼儿园教育中的很多主题,如"叶子"、"食物"、"汽车"等都是生成于幼儿周围的环境。

其次,环境是拓展、延伸主题活动的源泉。在主题活动中,一旦主题确定后,教师与幼儿就开始着手创设适应的活动环境了。一方面,要围绕主题活动提供相应的物质材料和活动空间,离开了物质材料与活动空间的支持,主题活动便难以展开。例如,在下面的"过大年"的主题活动案例中,为了能够让幼儿对春节进行深入的了解并展开探索,教师从班级整体布置到各个区角都提供了与这一主题活动有关的材料,幼儿在与这些区角中材料互动的过程中生成了一个新的主题活动——"年历"主题活动。

主题活动"过大年"益智区中的年历引起了幼儿极大的兴趣,他们把这些废旧年历制成漂亮的画册、叠成小帽子、做成小裙子、做成装饰品摆放在屋里……看着幼儿的作品,老师也由衷地感到高兴。

一天,一名幼儿兴奋地把他的发现告诉老师:"挂历中的数字,还有字体大小不一样。"一个发现带动和启发了众多幼儿对挂历的关注。随后幼儿发现了越来越多的不一样:每个月的天数不一样,月份与天数排的规律不一样,图案、颜色、形状、质地、厚薄都不一样……随着一个个的发现,幼儿对挂历的兴趣以及探究的需求也越来越浓。于是,关于"年历"的主题诞生了,并伴随着幼儿的兴趣探究不断地深入和扩展。

另一方面,主题的展开需要一定的情境,这一情境不仅需要基本的物质材料与场所,更重要的是教师与幼儿共同创设的一种探究氛围,也就是教师与幼儿之间以及幼儿与幼儿之间形成的某种互动关系。反之,要实现幼儿与幼儿之间、幼儿与教师之间的互动,也少不了环境的支持与介入。因为教育乃是由复杂的互动关系所构成的,也只有"环境"中各个元素的参与,才为许多互动关系的发展提供了可能。因此,教师与幼儿之间应建立一种良好的双边互动氛围,教师在鼓励幼儿进行探索的同时能够为幼儿提供必要的指导,使幼儿真正成为推动主题活动展开的主人,让幼儿产生学习与探究欲望,促进幼儿与幼儿之间、幼儿与教师之间的互动,促进幼儿对主题的深入探究。从这个角度看,环境不仅是主题活动产生的要素,而且也是拓展主题活动的重要要素。

三、主题活动环境创设的要求

(一) 内容的整合性

活动室的每一个空间,每一个区域,主题墙饰中的每一个细节都应围绕幼儿近期最感兴趣的话题而设置。主题活动环境创设的素材是多样性的,内容是整合性的。幼儿的美术作品、创编的故事、儿歌以及他们带来的图书、图片、玩具、可利用的自然物和废旧材料,都是主题活动环境创设的素材甚至主角。主题活动环境的创设可以是借助于幼儿作品、图片、文字记录、照片等有经验再现的"滞后环境",还可以是带有疑问的、能激发幼儿主动学习和探索并与教师、同伴、材料积极互动的"超前环境"。

(二) 过程的动态性

主题活动环境创设的过程就是幼儿最感兴趣话题的产生、散发、深入的过程。幼儿获取经验是螺旋式上升的,所以主题活动环境常设的完成并不是在主题活动开始之后,一般是伴随着主题活动的开始而开始规划,伴随着主题活动的进行而展开创设。

(三) 结果的完整性

围绕着主题创设的环境,幼儿的兴趣是起点,幼儿的原始创作是素材,教师的积极应答是催化剂。如果将它比作一幅画,那么教师提供的是框架式的构图建议,幼儿是其中的"工笔"者。师幼共同的指挥和力量才构成一幅较完整的图画。从这个角度上说,主题活动环境创设的结果是完整的,也是完美的。

四、主题活动环境创设的原则

在主题活动环境建设中,除了遵循项目三中阐述的有关原则外,还应遵循以下两项原则。

(一) 个性化原则

在主题活动环境创设中,教师应当特别关注本班幼儿对正在进行的主题兴趣和经验,使环境创设凸显幼儿对主题的理解、感受、经验和想象。

例:"我们的家乡"主题活动环境的创设中,各地别具特色的风光、名胜、文化习俗、特产等为环境的创设提供了不同的表现内容,使环境创设表现自身的个性,展示独特的自我,从而实现自我的创造性发展。

(二) 动态化原则

动态化是指环境要关注幼儿兴趣的发展和变化,随着主题活动的生成和深入而逐步丰富,展现出主题活动的动态网络关系。动态化的主题活动环境不但生动展示和记录了幼儿探索、体验、成长的过程,同时也真实再现了师幼之间近距离的"对话",教师与幼儿、幼儿与幼儿之间真切的情感。更重要的是幼儿能自主积极地参与整个活动的过程并体验环境的不断变化,使知识和能力呈现螺旋式的提升。

例如,在主题活动"植物的生命"中,幼儿通过观察实物、观看有关 DVD、收集相关资料、查阅《十万个为什么》等了解植物的生命变化,在墙饰中创设了"植物的生命"中根、茎、叶、花、果实、种子的六个网络分支,"植物的叶子"分支中又展示了关于叶子的形状、叶子的生长、不同的叶脉等。

任务二　主题活动环境的规划及创设

活动与环境密不可分,环境为主题活动而创设,主题活动需要有环境的支持才能更深入更具体地展开。我们应该看到,每一个孩子都蕴藏着巨大的发展潜能。一幅幅成功创设的墙饰,都充分体现了幼儿群体间、个体间的心灵撞击,都闪耀着幼儿创造的火花。例如,小班创设的"独特的我"墙饰,其中精心设计的"小小的我"、"现在的我"和"将来的我"三个内容,是小班幼儿逐步克服"以自我为中心",初步形成正确的自我意识的具体表现。在"小小的我"的墙饰中,教师精心创设了一棵"娃娃树",用废旧的席子做成树干,树叶是小朋友自己折出来的"小小的我"。"我"的姓名——幼儿的名字,是每位家长书写出来的,并用不同的方式展示在"树叶"旁边。如有的家长用画笔画出幼儿的属相,写上简洁语言,说出取名的趣事;有的家长用蔬菜雕刻出幼儿喜欢吃的水果,挂在"树上";有的"巧手娃娃"还用毛线织了一件件"小衣服"披挂在树上……这些都充分显示了教师、家长和幼儿的独特的创造力。在"现在的我"的墙饰中,通过对自己脸型特征的仔细观察,孩子们画出了一幅幅各有特色的作品。如有的孩子觉得自己的脸是胖胖的,就把纸横过来画;有的孩子觉得自己的脸较长,就把纸竖起来画。为了满足不同幼儿的需求,老师还让幼儿自由选择自己画,或与同伴一起画,或与父母共同画等方式,以激发幼儿的创造意识。

一、主题活动环境创设的目标设定

目标的设定是做事的指引,是顺利完成一件事的首要条件。幼儿园主题活动中环境创设的目标主要是考虑环境的使用主体——幼儿,他们的学习特点和年龄特点,既要适应集体活动的需要,也要照应个别学习的要求。在主题活动中进行环境布置的出发点是了解使用环境和参与环境创设的对象、主题活动的目标、教师的主题教学设计思路与实施方式以及幼儿开展主题学习的方式。

1. 环境的使用主体

幼儿园主题活动在创设环境的时候首先要考虑到使用和参与到该环境中的主体的基本状况,如是小班的幼儿,还是中大班的幼儿,开展主题活动过程中参与的人数等。对于不同年龄层次的幼儿,以及不同的班额状况,环境创设中考虑的维度和情形也是不同的。对于参与到主题活动中不同年龄阶段的幼儿而言,他们的身心发展是存在差异的,这就要求教师在主题环境的创设过程中需要针对对象的发展状况和身心特点,来创设具有层次性的环境和使用针对不同年龄阶段幼儿的材料以及提供不同的指导方式。此外,开展同一主题活动,参与人数的多少,对活动空间的要求是不同的。

【问题情境】

区域活动时,几个孩子的嘀咕声引起了我的注意。原来他们围绕着一本旧挂历嚷嚷开了,看得出是这本已开始泛黄的旧挂历上秀美的风光吸引了他们。确实,长阳有着悠久的历史,秀美的风光,浓郁的风情,灿烂的文化,绵延八百里清江,形成了一道天然的画廊,有着取之不尽的教育资源。从小对孩子进行一些乡土知识的教育,我觉得自己有不可推卸的责任和义务。由此而产生了"爱我家乡"的主题活动。

活动之初,通过让幼儿在家庭、社会生活的各个领域中搜集与长阳有关的图片、照片、书籍、磁带、影碟、实物等材料,使幼儿在亲自参与中更多地了解和感受家乡之美;并指导和协助幼儿对所搜集的资料进行分类,让幼儿深刻体验到家乡的美,从而自然地产生一种自豪感。

此活动延续的过程为两周,不安排具体的教学活动,要求幼儿在平时的生活中做有心人,去搜集材料,内容可以是挂历、图片、书籍、音像资料、实物等。教师在活动室内设置四个展区:秀丽的风光、浓郁的风情、悠久的历史和灿烂的文化。教师与幼儿协商布置环境,及时协助幼儿将搜集到的物品进行分类,鼓励幼儿课余多到这四个展区参观,可以对实物进行操作,组织幼儿品尝特色小吃,引导幼儿互相交流,进一步了解展品,并不断鼓励幼儿充实展区的物品。在这个活动中,教师只协助幼儿分类,并请家长予以配合,多鼓励幼儿用自己的眼睛去观察、去寻找、去发现。如果发现展区内的物品不够全面,教师应给予帮助。

关于"热爱家乡"的主题活动已经太多了,但抛开教学,而采用资料收集和趣味游戏的方式开展类似的主题还比较少。打破以往单纯的教学形式,通过三个阶段:搜集整理阶段、知识竞赛阶段和知识运用阶段,层层提高难度,环环相扣。这次活动,使幼儿不但了解了家乡的风土人情,增强了热爱家乡的情感,同时也使儿童了解到如何收集资料等知识。通过布置环境过程中自己的辛勤劳动,懂得了珍惜劳动成果的良好品质。这些都是儿童直观学习的体现,符合幼儿的学习和活动特点,才使得这次主题活动达到了应有的效果。①

2. 近期主题活动的目标

幼儿园课程领域包括健康、语言、社会、艺术、科学五大领域。主题活动是整合了不同领域内容与目标的教育活动,而每个领域的活动又可以包含多个教育目标。虽然每个主题活动都可能具有多种教育价值,但是在一个主题活动中不可能达成多个领域的多个目标,这就需要教师在开展活动的过程中初步确立该主题活动的主要目标,并依据主要目标进行相应的环境创设。主题活动内容和目标是环境创设的内在依据,环境创设是主题活动目标的外在体现,只有创设与主题活动相适应的环境,才能充分发挥环境教育的功能,为幼儿提供良好的探索氛围和发展契机。因此,在创设主题活动环境时,首先应该明确主题活动的目标和内容是什么,然后依据主题活动目标和内容进行环境创设。

3. 教师的教学设计

在主题活动中,教师的教学设计包括教学方法、教学设计思路等。从教学方法角度看,教师是采取集体教学为主要方式,还是采取小组活动为主要方式,抑或采取集体教学与小组活动、个别活动有机结合的方式,这些不同的教学方法在环境创设方面的要求存在着很大的差异,例如对活动空间、教学资源以及教师与幼儿之间的互动关系等不同的要求。从教学设计思路看,如果教师是开展精心准备的主题活动,事先对活动开展有一个规划的话,则教师在提供资源和指导过程中,基本上按照活动的步骤提供材料,布置空间,再辅以灵活机动的材料增减和空间调整;如果教师是以一种开放性的思路来组织主题活动,则要提供更多的与主题活动相关的材料,教师要积极引导幼儿进行探索,只有幼儿通过对尽可能多的材料操作探索,以及教师提供及时有针对性的指导,主题活动网络才会逐渐清晰起来。可见,不同的教学设计有不同的环境布置要求,影响幼儿主题活动对环境的需求与活动中教师和幼儿的关系。

4. 幼儿的学习方式

【问题情境】

星期一早晨,某幼儿园大班有个儿童说到自己周末上超市购物的经历,马上引起其他孩子的共鸣,大家争相回忆自己上超市的有关经历。"超市有玩具卖吗?"有个幼儿若有所思地问道。"有啊!"另一个孩子马上回答。"那超市里还有什么东西呢?"于是,从孩

---
① 佚名. 幼儿园大班主题活动方案[EB/OL]. (2013 - 03 - 04) http://www.baby611.com/jiaoan/db/zt/201303/04100697.html.

子的兴趣和实际水平出发,结合大班教育目标,教师设计组织了以"超市"为主题的教学活动。在接下来的几天中,教师和孩子们一起布置关于超市的主题活动墙面;一起到超市参观;每个孩子尝试用一些钱购买自己喜欢的东西;孩子们和教师一起津津有味地分享自己采购的食物,谈论自己在超市购物过程中的发现……当谈到各自购买的食物时,有个孩子说:"我买的酸奶最好喝。因为这是我妈妈单位做出来的。"(这个孩子的妈妈是某酸奶公司的)这一下,孩子们的新问题又来了:"我买的东西是从哪里来的?"面对儿童的新问题,教师调整自己的方案,开始重新思考环境布置,思考新的教学活动设计……

在主题活动中,幼儿如何参与并对主题活动进行探究,采取何种学习方式,这些方面对主题活动的环境有着不同的要求。如果幼儿是在教师有目的的引导下参与主题活动的话,则环境中材料的种类、数量与材料的投放是比较稳定的,而且环境中的活动顺序也是有序的;如果幼儿在主题活动中自主发挥的机会比较多,那么在环境的创设方面则需要在基本配置的基础上,随时按照幼儿探究的进展和状况进行及时补充,这样才能为幼儿发挥其想象和实现其想法提供可能。在学习风格方面,不同的幼儿有不同的学习方式,例如视觉型、听觉型、触觉型。其实在活动中这几个方面是很难区分开来的。此外,主题活动是否要涉及户外的探究、是否采用游戏的方式,如果主题活动中要涉及这几个方面的话,则需要更加丰富的材料配置、更加动态的情境场景布置以及更加灵活多样的指导方式。参与到主题活动中的幼儿的不同学习方式,对环境中的材料和空间有不同的需求,也影响着主题活动环境的情境需求和布置。

幼儿随着室内环境的不断变化,不断地从中获取新知识。季节的变化,可使幼儿看到动植物生长与季节的关系,学习了知识;季节色彩的变化,满足了幼儿的需要,也激发了幼儿对大自然的热爱情感。根据季节的变化布置墙面,同样要求教师带领幼儿进行一系列的教育活动。例如墙面布置"春天"时,要在常识教育活动中让幼儿认识春天气候的特征,柳树发芽,桃树、迎春都开满了小花,冬眠的小动物已苏醒,燕子从南方归来,小蝌蚪、小鱼在河水中游来游去,春天是播种季节。在语言教育活动中给幼儿讲述《桃树开花了》、《小蝌蚪找妈妈》的故事,让幼儿朗诵诗歌《春天的秘密》。在音乐教育活动中让幼儿唱《春天多美好》、《春天在哪里》。在绘画教育活动中让幼儿画小花、小草、柳树、桃树、迎春、小鱼、小蝌蚪等,并用彩色纸折叠小花、小草、青蛙、小鱼、小燕子等。在这一系列的教育活动的基础上再进行关于"春天"的墙面布置。"春天"这个主题内容比较丰富,根据班内教育活动进展的情况,墙面布置可分两至三次进行,先选择部分内容让幼儿制作小挂件挂在墙面上,以后逐步增加内容,不断完善到一幅完整的描述春天特征的大型墙壁画。

二、主题活动环境布局规划与布置

《幼儿园教育指导纲要》指出:"环境是重要的教育资源,应通过环境的创设和利用,有效地促进幼儿的发展。"《3—6岁儿童学习与发展指南》也明确提出,幼儿园环境创设应关注幼儿学习品质的养成;注重幼儿主动探究、亲身操作的体验;尊重幼儿发展的个体差异和幼儿学习与发展的整体性。

主题活动发生在一定的环境中,主题活动的有效延伸需要相应环境的支持,而且环境创设合理与否将会影响主题活动的展开过程和成效。教育活动课程的每一个主题都呈现了该主题环境创设的具体内容,把环境创设与主题教学活动和家庭教育置于同等重要的地位,环境创设根据主题目标和内容来不断更新变化,包括墙面布置、活动区的设置、活动区的材料投放等,使环境真正成为教育的载体,成为促进幼儿发展的有效手段。但可以肯定的是,这种环境的布置与创设不能是随意的、漫无目的的,而是需要规划并形成一定的结构层次。生态环境创设是否合理,与园所整体生态环境的布局规划与结构有直接的关系。这就需要在生态环境创设的目的与目标设置的基础上,对主题活动所需要的空间和资源进行合理的安排与配置。

图 7 - 3　　　　　　　　　　　　　　图 7 - 4

在主题活动中,幼儿通过与环境的互动活动来学习,只有在环境与幼儿交互作用的过程中,幼儿才能真正体验到交往和探索的乐趣,环境创设也才能激发幼儿不断发现和学习的欲望。班级环境应随着主题的展开而创设,随着主题的深入而丰富,随着主题的变化而变化。主题活动的物质环境创设主要包括以下几个方面:室内空间布局、主题展示区的环境创设、主题活动区域环境布置和利用社区和家长资源的初步规划等方面。

(一) 室内空间的布局

为了促进主题活动的顺利开展,教师需要对室内场所进行合理的规划。教学场所的规划取决于主题活动中所采取的教学方式,一般来说幼儿园在主题活动中采用较多的是集体与小组活动结合、集体与区域活动结合或者是小组与区域活动结合的方式。

1. 集体活动区域与小组活动区域的合理规划

集体活动区域和小组活动区域需求的空间较大,有些幼儿园班级空间面积狭小,教师需善于有效地规划和利用过道、阳台等空间,为幼儿拓宽活动范围。

2. 主题展示区与活动区域的合理安排

主题展示区需要较宽敞的空间,提供幼儿主题探究活动的区角需要合理布局,避免在空间上相互干扰,教师应根据班级墙面区域作好科学合理的规划。例如,哪一面较大较开阔的墙面适合作主题墙,都要作好安排,保证结构的有序性。

(二) 主题展示区的环境创设

所谓主题展示区,是指在主题活动过程中,在幼儿园班级内或者活动室内专门设置的一个区域,辅以相应的空间来展示主题活动展开的基本脉络,记录幼儿的学习活动。

例如室内墙壁、走廊或其他区域等布置的墙饰等。从当前主题活动展示区的设置来看，幼儿园大多采取主题墙饰的方式，也就是选择教室内的一面墙壁或走廊，辅以相应的空间，并通过对这一墙壁和相应空间的布置来展示和记录主题活动的状况。从某种程度上讲，主题墙饰已成为主题活动环境创设的核心部分。

1. 主题活动展示区环境创设的整体思路

主题活动展示区的环境创设往往以主题开展为线索，在进行主题布置时教师根据主题开展的需要，引导幼儿积极参与构思、创作、安排，与幼儿共同创设与主题相关的展示区环境。一个主题活动展示区的环境创设，涉及五个要点：

第一，要有意识地为主题墙谋划，如哪些集体活动的内容可以展示在主题墙上；第二，主题墙可以分几个大块来说明主题；第三，可以分别用什么形式来表现；第四，是否达到人人展示的效果；第五，是否具备基本的美感。有了规划，在主题活动开展过程中一步步地将各部分材料积累并像完成拼图一样展示出来。

案例 7 - 1

"多姿多彩的秋天"

教师在开展有关秋天主题教育活动过程中，设计了"秋天的水果"、"秋天的风景"、"秋天的叶子"、"秋天里人们的服饰"等主题模块墙饰。

让幼儿通过折纸、剪纸、布贴、绘画等多种手法表现美丽的秋天，了解秋天的特征。

图 7 - 5

图 7 - 6

图 7 - 7

图 7 - 8

2. 主题活动展示区环境创设的基本要求

主题活动展示区的创设为主题活动中幼儿与环境、幼儿与教师、幼儿与幼儿之间交流提供了一个中介和桥梁,促进主题活动不断丰富和深化,最终为幼儿学习与探索提供一种氛围,为教师与幼儿互动、实践教育目标提供一个载体。在主题展示区布置过程中要注意以下几方面:

(1) 主题展示区的布置要适合幼儿发展的水平。

在布置主题展示区时,教师首先要考虑到幼儿的可参与性。例如,有关研究认为,高度在 1.5 m 以下的主题展示区,幼儿最能够积极有效地参与,且在展示区的表现手段上也尽可能多地以图片和实物呈现为主。对于小班和中班的幼儿来说,图片和实物不仅使展示区看起来比较直观生动,更主要的是这种表现手法符合这个阶段幼儿的年龄特征和兴趣需要,大班时可以逐步增加文字到主题展示区中。

图 7 - 9

图 7 - 10　　　　　　　　　　　　　图 7 - 11

（2）鼓励幼儿参与环境布置。

教师应通过启发和鼓励来引导幼儿参与，有目的、有计划地组织幼儿参与设计、参与收集和准备资料、参与布置和管理。幼儿参与设计与布置的过程也是幼儿积极学习的过程。

案例 7-2

在"服装"主题探究活动中，教师尝试着和幼儿一起布置墙面。讨论时，幼儿兴趣浓厚，有的说："在主题墙上布置一个时装店，店里挂满了我们小朋友自己设计的漂亮的衣服。"有的说："我们把各种衣服洗干净挂在绳子上在太阳下面晾干。"最后，在教师的帮助下，孩子们达成了一致意见：将主题分成两部分，一半布置成"娃娃时装店"，另一半取名"晒衣服"……

幼儿参与环境设计布置，不仅仅是一个单纯的参与过程，还是一个认识和学习的过程。这个过程并不是平行进行的，而是一个深入的过程，这种深入使幼儿的认知水平不断提高，能力不断增强。

（3）合理利用主题展示区的空间。

在主题活动中，室内设置的众多活动区角以及教、玩具和活动材料的储物柜占据了教室内的很多空间，往往与有限的墙面产生冲突。而幼儿园在主题展示区的布置中对墙面的利用比较多，因此需要采取多种途径来展示幼儿的作品。

图 7-12

例如，活动展示区的空中环境就是一个可以利用的地方，通过将屋顶改造为木格的布局，在上面布置装饰物品或悬挂大幅的幼儿作品；或者利用天花板固定玻璃丝带也可悬挂各种小的作品；或者在主题展示区配置多层的柜子储存大量的实物和不能粘贴的作品。多样化的展示区背景不仅改变了主题展示区单调和墙面空间不足的状况，而且也为从多个角度展示幼儿的作品提供了可能。

（三）主题活动区角的环境布置

1. 主题活动区角的整体布置。

在主题活动环境创设中，除了要布置主题展示区的环境外，区角环境的布置也是非

图 7 - 13

常重要的。主题活动中的区角,从目标到操作,结构性更高些,相应的活动的目的性更加突出。而且教师在主题活动区角中材料的投放,需要不断根据主题目标和活动内容进行调整并丰富材料,有机地把主题目标、主题活动内容物化在区域环境材料当中,借此帮助幼儿选择合适自己的方式来对主题进行探索,满足不同水平、不同兴趣幼儿发展的需要。

2. 主题活动区角布置的操作步骤

在主题活动中,活动区角环境的布置要与主题活动的主旨一致,做到环境布置主题鲜明。具体包括以下几方面:

(1) 依据主题活动目标规划布置主题活动区域。

案例 7 - 3

"过大年"主题活动环境创设

教师预设的活动目标:

以"过大年"为主线,将礼仪、风俗、民间艺术等融入其中,希望幼儿通过本单元的学习,能够知道春节是中国最重要的节日之一,也是中国人家庭团聚的日子;通过了解有关过新年的习俗,激发幼儿对中华民族传统文化的热爱,增进亲子间的交流;通过区域活动的创设,提高幼儿的动手能力及创造力。

开展"过大年"主题活动时,教师根据主题活动目标创设了语言区、益智区、生活区、表演区、美工区、亲子游戏区和建构区等,并根据主题相关活动,师生一起在区角内投放相关材料:

语言区:各种与过大年有关的图书、画册,各种记录海报和人们欢度春节的录像片,与家人过年的照片制成的相册;

益智区:师生收集的各种"年历";

美工区:各种美工用具和剪纸、窗花、鞭炮、拉花、中国结等制作示意图和有关样本;

生活区:设置了一个家庭过年的情景,提供各种生活用品和厨房用具,幼儿可以根据需要布置房间、打扫屋子迎新年,也可以做许多好吃的等等。

（2）依据主题活动内容，呈现与投放区域操作材料。

（3）材料呈现与投放要有层次性和针对性，并逐步完善。

（四）挖掘利用社区和家长资源

在主题活动中，教师需要从生态系统的角度来看待主题活动的环境和资源，家长和社区生态系统作为外围的一个层面，是主题活动环境的一个重要构成要素，也是重要的环境资源来源。家长作为幼儿园的重要资源库，家长的参与不仅有助于教师更深入的地了解幼儿，而且能够为幼儿提供多种多样的资源。

图 7 - 14　　　　　　　　　　　　　　　　图 7 - 15

案例 7 - 4

在开展"汽车"主题活动中，教师积极联系附近的社区，引导幼儿参观附近的消防基地，为幼儿了解消防车提供了真实的场景和直接的经验。

根据主题活动的需要邀请不同的家长参与活动，联合家长共同开展主题活动环境创设。例如，在"车是靠什么发动的？"活动中，为了让幼儿更深入地了解汽车的发动机，幼儿园的一个幼儿不但请他爸爸通过汽车模型给同伴讲解汽车的原理和结构，而且让他爸爸把三菱吉普车开到了幼儿园。教师不仅带领幼儿对真实的汽车发动机和其他结构进行分组观察，还请这名幼儿的爸爸结合真实的汽车讲解有关原理。

任务三　主题展开过程中环境创设的跟进

主题活动中，环境是主题活动的载体，随着主题活动的开展和深入，环境的创设也不断丰富和充实，发挥着对主题的激发、过渡以及成果展示功能。相对而言，在主题活动环境初步创设中，物质环境的准备是非常重要的，但是随着主题活动的展开，主题展示区的布置在逐步的调整过程中越来越丰富，活动区角中也根据活动需要随之增减相应的活动材料，教师同时要考虑如何创设一个良好的主题探究氛围，以此更好地促进幼儿对主题活动的探究。主题展示区环境的不断丰富与调整，活动材料的增减与教师创设的良好的氛围和提供的指导这些方面都是主题展开过程中和环境跟进过程中需要关注的问题。

一、主题展示区环境的动态跟进

主题活动环境创设是一个动态过程，环境既发起了主题活动，也延伸了主题活动，其目的是通过环境的跟进有效激发幼儿探究的兴趣,达成活动的目标,促进幼儿的主动发展,主题展示区的动态跟进可以从两个方面理解:

（一）环境的跟进要依据主题的展开和幼儿的探索状况进行创设

主题展示区要引领主题,渲染主题氛围,主要展示主题活动的内容、发展脉络、相关信息资料以及幼儿的作品等。但主题展示区的布置不是一成不变的,是伴随主题的开展而逐步丰富起来的,需要根据活动目标的调整和活动中的实际需要进行调整。因为幼儿在主题探索过程中,随着活动情境和操作材料的变化,会产生许多新的兴趣点,教师要善于观察,关注幼儿的兴趣点,及时捕捉有价值的某一要素,创设问题情境,提供环境支持,调动幼儿已有经验去生成新的主题活动。

（二）环境跟进过程为幼儿提供更多参与活动和表现的机会与条件

在主题活动环境的跟进过程中,幼儿不仅是环境的使用者,也是环境的设计者和创设者。如果在环境跟进过程中仍然是教师主导环境创设,并且注重的是静态装饰性环境的话,那么就难以激发幼儿的主动参与,实现幼儿与环境的有效互动,也使环境失去了教育和促进幼儿发展的价值。因此,教师要在环境跟进过程中,通过不断创设与幼儿相互作用的环境,鼓励幼儿参与环境的创设,可以从以下两个方面着手:

(1) 积极引导幼儿根据主题活动进展,搜集与活动相适宜的材料。材料是环境创设的要素之一,幼儿搜集材料的过程就是幼儿思考如何创设环境的过程。而且幼儿亲自搜集到的多样材料所隐含的信息往往能成为幼儿环境创设的线索,让幼儿在活动中的创作有了更多的选择空间,这不仅有利于提升环境创设的效能,而且真正为幼儿提供了一个能与他们进行有效互动的行为环境。这种环境不仅是幼儿学习中的重要因素,它往往还为教师在主题活动中及时补充教育资源、提供多元选择、作出建设性建议提供支持与来源。正如瑞吉欧学前教育系统的创办人马拉古奇所说:"站在旁边等一会儿,留出学习的空间,仔细地观察幼儿在做什么,然后加入,你的教法也许与从前大不相同。"

(2) 鼓励幼儿参与环境布置。教师不仅要与幼儿讨论幼儿的想法与需求,同时在为幼儿设置的作品展示区的布置过程中,教师要鼓励幼儿依据自己的想法与需求展示作品与所搜集的材料。虽然这个区域可能在刚开始布置时比较乱,不够美观,但是教师要先让幼儿参与尝试,给予支持和鼓励,帮助他们积累相关的布置技能与技巧,以实现让幼儿自主创设环境的目的。正是由于幼儿主动参与环境布置,幼儿才会对环境的变化产生期待,由期待又萌生主动参与的冲动。在这个开放的空间区域环境中,幼儿实现了经验的交流和信息的传递,并使主题环境的创设伴随主题开展的日渐深入而不断完善。

二、主题活动区角环境的跟进

主题活动区角环境的跟进主要包括区角的调整和操作材料的增减。材料是幼儿在主题活动区角中最主要的操作对象,是幼儿实现与环境对话以及教师与幼儿互动的重要媒介。虽然教师在活动初期已经在活动区角准备了相应的操作材料,但是这些材料并不是一次性地投放到这些活动区角中的,而是要根据主题活动的进展和需要逐步有间隔地投放材料。这些活动区角中材料的增补也不是教师一个人的工作,而是要根据具体的情形有针对性地进行增补,如有的材料是教师根据活动中观察到的幼儿活动状况主动作为诱饵提供的,有时为了使活动得以顺利进行下去,则需要幼儿自己去收集材料,收集材料的过程也是一个重要的学习过程。除了材料的合理投放外,在主题活动中,有时需要根据活动需要增加相应的区角。这里主要从材料增补的针对性角度进行简单阐述。

主题活动中区角材料的增补要针对主题活动的主要内容和进度有层次、有针对地提供,以便给予幼儿持续的刺激,这样才能更充分地调动幼儿探索和创造的积极性。

例如,在"花"的主题活动中,教师在集体活动中组织幼儿初步认识了花,与此同时,在区角中投放了一些与花有关的材料。幼儿在通过集体活动获得的相关经验的基础上,开展了一些区角活动,有的在美工区围绕"花"进行绘画,有的给同伴讲解花的结构。当教师发现在美工区幼儿仅仅在用一些简单的手法进行绘画,不久就失去兴趣时,教师通过适时组织有关幼儿就如何进行绘画,包括表现手法、使用材料等方面进行讨论,通过开展集体活动、查阅相关图书等,帮助幼儿丰富了从不同角度运用不同手法进行绘画的经验。在此基础上,教师在阅读区和美工区有针对性地投放了介绍不同表现手法来开展"花"的主题活动的图画书,在美工区展示了用撕纸的方式来绘制花,在玻璃和玻璃瓶上面绘制花的材料和图案,引导幼儿开展更为复杂的"花"的绘画活动。

三、主题活动展开中精神环境的有效支持

主题活动展开过程中除了需要上述提到的环境方面的跟进外,精神环境的有效支持在主题活动游戏展开过程中也很重要,二者缺一不可。精神环境作为一种潜在的状态,对幼儿的学习态度、学习动机和社会性等方面的发展具有潜移默化的作用。"打一个形象的比方,物质环境好比是儿童发展赖以展开的舞台,舞台的布景再好,如果儿童不去使用也毫无意义。因此,物质环境之所以与儿童的发展有关,其客观存在只是前提,真正重要的是儿童生活中的他人能够提供条件和机会让儿童与物质环境相互作用。而儿童所处的精神环境,包括儿童与他人所形成的人际关系的质量及精神抚慰,在很大程度上决定着儿童是否能够获得这种条件和机会。"

在幼儿园主题活动中精神环境是一种幼儿在活动中可以感受和体验到的潜在氛围,它通过对幼儿活动的动机和心理状态的影响进而对幼儿在主题活动中的参与状况和认知发展等产生影响。精神环境主要体现在园所文化、教学氛围、人际交往等方面。教学氛围是在举办集体活动过程中形成的一种情绪和情感状态。积极愉快的教学氛围有利于幼儿的主动探索,有利于教师在有效互动中及时了解幼儿的学习活动状况,更重要的是有利于师生之间、同伴之间的积极情感交流和信息交流。人际交往主要包括教师与幼儿之间、幼儿与幼儿之间在主题活动中所建立起来的师生关系和同伴关系。基于此,在主题活动精神环境的创设中,需要考虑以下几个方面:

(一)创设积极愉悦的主题活动氛围

主题活动氛围是指教师与幼儿在主题活动过程中形成的一种情绪和情感状态。主题活动过程既是信息交流的过程,也是情感交流的过程。在主题活动中,和谐愉悦的活

动氛围,是鼓励幼儿与周围的人、事、物相互作用的前提,建立积极的情感氛围对于幼儿积极参与活动探索和发展是至关重要的。一般而言,教师的态度、期望、课堂行为、教学方法等都是直接影响情感氛围的无形因素。教师在活动中对幼儿探索行为的支持、积极言语的鼓励以及适时的启发和引导对于幼儿的活动来说都是一种宽松和谐的氛围,这不仅有助于鼓励幼儿用自己所学的知识做出相应的选择,保持他们的兴趣,还能为幼儿提供情绪上的一种支持,使幼儿能够充满自信地、大胆地探索周围的环境并积极地表达自己的想法,有助于幼儿发展与决策和问题解决密切相关的自信、独立性和责任感。

(二)创建和谐的师幼关系

在主题活动中,教师与幼儿、幼儿与幼儿之间的关系直接影响着主题活动的开展和幼儿的参与状况。主题活动中的师幼关系作为一种人与人之间具有情感色彩的人际关系,深深地影响着主题活动的进程与效果,也影响着幼儿的学习,和谐的师幼关系能够为幼儿提供有助于学习的情感氛围,使幼儿在活动中学习积极性高涨。在主题活动中,教师在建立与幼儿良好的关系过程中,应当注意以下几个方面:

1. 尊重幼儿在主题活动中的主体地位

师幼关系是教师与幼儿在主题活动中共同建立和发展起来的。教师只有把幼儿当作积极主动发展着的个体来看待,尊重幼儿在主题活动中的主体地位,才会允许幼儿自由地选择活动的材料和决定使用材料。在主题活动中,尊重幼儿的主体地位,一方面需要教师正确认识自身与幼儿在活动中的角色。在主题活动中,幼儿是活动开展的主体,教师不是扮演裁决者的角色,而是良好互动环境的创设者、积极师生互动的组织者和幼儿积极建构与发展的指导者与促进者。在主题活动中,教师只有对自身的角色有了恰当的定位,才可能更多地关注幼儿的需要和兴趣,也才能更有效地与幼儿对话和沟通,倾听并理解幼儿。另一方面,教师在与幼儿交往中,要营造对幼儿具有激励作用的良好精神氛围(平等、期望、宽松、理解、激励),这种氛围能激励幼儿主动探究的欲望和积极交往的动机。

2. 从情感上真诚地对幼儿及其活动进行关注

在主题活动中,教师与幼儿建立的关系,不仅包括教学关系,还包括情感交流。人本主义心理学家罗杰斯认为建立新型的师生关系,最主要的就是要求教师对学习者抱着真诚、理解和接受的情感态度,并创造这样一种氛围,在其中与学生平等相处,坦诚相待。

从人本主义心理学的视角看,主题活动中,教师不仅需要与幼儿有认知上的交流,而且更需要情感上的互动,才能从根本上营造一种和谐的氛围。这就是需要教师对幼儿以及幼儿的活动关注和感兴趣,关注和感兴趣是一种发自内心的情感和态度,其外在表现是在与幼儿交往时,教师能够真诚地接纳每个幼儿,并且力图从幼儿的角度来体验他们在活动中此时此地的感受。当教师真正关注幼儿和幼儿在主题活动中的状态时,教师就会有意识地观察和了解幼儿当下的需要、情绪状态及感兴趣的话题,能够不仅在言语、体态、手势、面部表情、眼神等方面表现出对幼儿及其当下状态的关注,还从心理上贴近幼儿,从心理上参与到幼儿正在进行的活动中。这时教师对幼儿及幼儿当下的活动的真诚关注和兴趣就能够与外在的一系列表现自然地融为一体,并能为幼儿所感受,从而为和谐的师幼关系的建立创设良好的情感基础。

任务四　幼儿园主题教育活动环境创设技能实训

【案例展示】

"'非遗'美育润童心"主题教育活动环境创设

实训目标

实训以"'非遗'美育润童心"为主题,旨在通过活动的开展引导学生关注中国传统非遗文化,感受文化传承的幼教使命,树立儿童传统文化教育的信念和理想,进一步深化学生对幼儿园环境的认识,提高学生的环创能力、美工能力和创造能力,增强专业自信和文化自信,同时帮助学生树立科学的儿童观、环境教育观、儿童艺术教育观等,推动技能的发展与提升。

实训内容

项目共分 19 个类别,学生自由组队,可任选 1—2 项进行创作。主题模块分为:看见非遗(欣赏)、走进非遗(了解)、体验非遗(体验)、传承非遗(作品)、文创非遗(创新),需充分考虑到"一作一景"的展出效果,按类别布置展区,参考类别如下:

1. 古法造纸(纸的由来、花草纸艺、古法装订)。

2. 活字印刷(活字印刷历史、活字印刷玩具设计)。

3. 传拓文化(制作拓片、拓印艺术作品)。

4. 文创扎染(植物染料、水煮染色、扎染体验、扎染艺术作品)。

5. 马勺脸谱(脸谱起源、脸谱用途、马勺脸谱、脸谱 DIY)。

6. 木版年画(年画分类、年画制作)。

7. 传统剪纸(剪纸由来、剪纸手法、窗花制作、植物剪纸)。

8. 中医文化(认识中药、把脉针灸、香料制作、秘制香囊)。

9. 文房四宝(制作毛笔、古法制墨、中国画颜料、宣纸)。

10. 编织艺术(中国结、盘扣、黎锦制作)。

11. 皮影艺术(皮影由来、皮影制作、皮影表演)。

12. 传统彩绘(风筝彩绘、油纸伞彩绘)。

13. 民间刺绣(双面绣、苏绣等)。

14. 泥塑陶艺(黎陶、陶盘彩绘)。

15. 非遗玩具(民间玩具店,万花筒、西洋镜、走马灯)。

16. 传统布艺(民间特色布偶玩具)。

17. 灯笼(鱼头灯、非遗牛皮纸灯)。

18. 书法绘画艺术(书法拓印、体验书法、白描花鸟)。

19. 古法美食(古法红糖)。

作品要求

1. 小组提交作品,含不同拍摄角度的照片 5 张、不超过 800 字的设计理念说明(含儿童玩法简介)。

2. 由专业评委评选出优秀作品,实地布置"非遗主题展",邀请幼儿园小朋友参与互动。

参考样例

图 7‐16　参考样例

【学习小结】

我们认为,环境实际上是儿童教育中潜在课程的一部分,环境创设是教育影响儿童发展的一个极其重要的途径。主题活动环境并不是自然存在的,而是教师自发地或有意识地创设的,可见,幼儿园主题活动环境的创设,是丰富幼儿园教育环境,优化教学手段,提高教育质量的一个重要途径。幼儿园主题活动环境创设让教师走出班级环境创设的困惑;让幼儿成为班级环境创设的主人,并与环境有效地对话,成为幼儿学习的互动平台,促进幼儿的发展;让幼儿园课程成为班级环境创设的内容;让幼儿园成为一个联动的整体。因而主题活动环境创设不仅是一座架在幼儿、教师、家长三者之间的桥梁,它更是幼儿发展、幼儿园课程与班级环境创设三者的有机结合体。

【思考与练习】

1. 实地考察幼儿园的墙面设计内容,了解幼儿园墙面设计的意图及使用的材料。

2. 观摩室内环境创设,以班级为单位进行墙饰、窗饰、门饰等环境的布置。

3. 请结合所学,设计某年龄班墙面环境,要求:请以平面图形式设计,在空白处标明设计主题,并写出你的设计意图。

4. 观察幼儿园教师指导的一个活动,了解教师是怎样引导幼儿与环境相互作用的。

5. 帮助幼儿园一个班级教师做一个主题活动环境规划,并简述这样做的理由。

【阅读链接】

案例:

幼儿园大班主题活动"有趣的昆虫"①

一、主题来源

昆虫是动物界中数量最多的一类,凡是有动物存在的地方都能看到昆虫,它们广泛

---

① 佚名.幼儿园大班主题活动"有趣的昆虫"[EB/OL].(2013‐05‐04)[2013‐11].http://www.baby611.com/jiaoan/db/zt/201305/04108745.html.

地分布于空中、水中,乃至地表、土壤、动植物的体内及体表。在幼儿园,我们经常会看到孩子们围成一圈,或趴在地上看蚂蚁搬食,或看蜜蜂蝴蝶采花蜜,他们瞪着可爱的眼睛仿佛怕看漏了什么,这些小小虫儿对孩子们有着一种天然的吸引力,讨论虫子的话题更是孩子们的乐趣。从幼儿对昆虫的兴趣,引出主题活动:你知道多少有关昆虫的知识?那么,本次探索性主题活动,我就试着让孩子们从"昆虫"这个知识点出发,在观察和探索中获得新的发现,从而感受昆虫世界的乐趣。

二、主题总目标

1. 帮助幼儿了解常见的昆虫种类、身体结构、外形特征和生活习性,激发幼儿对大自然事物观察和探索的兴趣,体验分享交流的快乐。

2. 学习用折、捏、粘、搓、剪、画等方法,利用不同的废旧材料制作昆虫,增强幼儿的合作意识,提高动手能力和交往能力。

3. 鼓励幼儿大胆表演,激发幼儿的想象力和创造力,提高幼儿的观察力及语言表达能力。

三、主题活动方案

活动一:科学活动"我喜欢的昆虫"

活动目标:

1. 鼓励幼儿主动与同伴交流自己喜欢的昆虫。

2. 让幼儿有初步的保护益虫、消灭害虫的意识。

3. 让幼儿乐意参加消灭害虫的行动。

活动准备:

1. 收集昆虫标本和图片等资料,师生共同布置"昆虫世界"展区。

2. 准备有关昆虫的 VCD 片。

活动过程:

1. 参观"昆虫世界"展区,启发幼儿互相交流自己喜欢的昆虫,为什么喜欢,重点引导幼儿说一说自己喜欢的昆虫的名称、特性和对人类生活的影响。

2. 引导幼儿讨论:哪些虫子是害虫?人们为什么不喜欢它们?我们应该怎样保护益虫和消灭害虫?

3. 教师提供各种昆虫的小卡片,以小组为单位让幼儿按益虫、害虫进行分类活动,比一比哪一组分得又快又对。

4. 播放 VCD 片,师生共同讨论商定消灭害虫的方法,开展"消灭害虫大行动"。如打扫班级卫生,维护活动区整洁,帮助厨房阿姨清理卫生死角,冲洗水沟,打苍蝇,捉蚊子等。

5. 让幼儿听音乐《小蜜蜂》学做勤劳的小蜜蜂,愉快地结束活动。

活动二:美术活动"七彩蝴蝶"

活动目标:

1. 培养幼儿对线条画及涂色的兴趣。

2. 让幼儿学会用螺旋线、波浪线等装饰蝴蝶。

3. 让幼儿学会正确的涂色方法。

活动准备：

挂图、音乐《春天》、蝴蝶图片、油画棒、水彩笔。

活动过程：

（一）展示花园，激发幼儿对春天的好奇心。

幼儿随音乐进入教室，并跟随老师做简单的律动，随后让幼儿安静地坐在小椅子上。

"小朋友，你们知道现在是什么季节吗？（春天）对，是春天。春天是个美丽的季节，小草发芽了，好多花也开了。你们想不想到花园里去看看呀？（想）那我们来看看美丽的大花园吧！"

（二）教幼儿装饰蝴蝶

1. 出示挂图，展示大花园，让幼儿观察，并说说花园里都有什么。（花、太阳、云彩）

2. 出示一只色彩鲜艳的蝴蝶图片与一只没有花纹没有颜色的蝴蝶图片。"这只蝴蝶怎么没有颜色呀？原来它没有漂亮的花衣裳，那怎么办呢？我们来想个办法吧！"

3. 教师演示为蝴蝶穿上花衣裳

（1）先为蝴蝶画上花纹（螺旋线、波浪线、圆圈等各种花纹），并告诉幼儿这些花纹的名称。

（2）讲解涂色的正确方法，（往同一方向涂色，用力要均匀）这样画得才好看。

我们画花纹的时候用水彩笔画，涂色的时候用油画棒，这样画出来花纹比较清楚，颜色也比较漂亮。

4. 幼儿分组作画，教师巡回指导。

（1）提出要求：画画的时候要保持安静，用完后要把彩笔送回家。

（2）分发给幼儿每人一张蝴蝶图片，指导幼儿在上边画上花纹并涂上漂亮的颜色。

（三）作品展示

1. 将画好的作品贴在花园里，供大家欣赏。

2. 让个别幼儿说说自己的作品，教师作点评。

（四）蝴蝶飞舞

随着音乐《春天》，幼儿学小蝴蝶飞到院子里去。

活动三：综合活动"昆虫的乐园"

活动目标：

1. 让幼儿初步了解昆虫的生活习性，以及昆虫与植物、与人们生活的关系。

2. 引导幼儿运用各种美工材料制作昆虫，体验创作的乐趣。

3. 让幼儿尝试用不同方式表现对昆虫的认知。

活动准备：

1. 笔、纱布、剪刀、胶水、枯树叶、竹枝、布等材料。

2. 有关昆虫的儿歌、故事、歌舞等文艺作品。

3. 邀请幼儿家长来园。

活动过程：

1. 出示笔、纱布、剪刀、胶水、枯树叶、竹枝、布等材料，鼓励幼儿自己动手运用画、折、剪、泥塑等多种方式制作各种昆虫作品,如制作昆虫头饰、昆虫玩具、昆虫吊饰、昆虫模型等作品,并进行展示。

2. 启发幼儿通过各种形式了解昆虫的家,鼓励幼儿自己动手在活动室里为昆虫建一个家,并把自制的昆虫模型、玩具或昆虫标本放入昆虫的家里。

3. 学习欣赏有关昆虫的儿歌、故事、歌舞等文艺作品,让幼儿进一步了解昆虫与人类的关系。

4. 举办"昆虫乐园"展示会。

组织幼儿讨论,怎样把探究昆虫的结果展示出来,与他人分享,激发幼儿举办"昆虫乐园"展示会的愿望。

5. 请爸爸妈妈和别班的老师、小朋友们来参观,鼓励幼儿主动向老师、小朋友们介绍自己的昆虫作品,大胆为他们表演节目。

四、主题活动反思

1. 通过主题活动"有趣的昆虫"的开展,幼儿感受到了大自然中昆虫的美,认识了常见的昆虫,知道了昆虫的本领,了解了昆虫的生长环境,体验到了制作昆虫标本的乐趣,他们也具有了保护益虫、消灭害虫的意识,在活动中不仅体验到了活动的乐趣,而且增长了知识,各个领域都得到了不同程度的发展。

2. 活动开展以来,我们得到了家长的大力支持,家长帮我们收集了大量昆虫的资料和图片。他们利用节假日带幼儿捕捉昆虫,探索昆虫的秘密,促使我们主题活动得以顺利地开展。

3. 如何选择贴近幼儿生活、幼儿感兴趣的活动作为教育活动内容一直是老师的困惑。此次主题活动的生成过程让我深深感受到:教师一定要善于观察幼儿,发现幼儿平常生活中的真实需要与兴奋点,在追随幼儿的兴奋点,生成教育活动内容的同时,教师一定要对幼儿的问题和需要给予及时的应答与支持,这样才能为幼儿创造一个有利于幼儿主动探索,积极成长的环境,为幼儿的终身发展奠定良好的基础。

案例评析:该案例是"有趣的昆虫"的主题活动中,一系列关于昆虫的活动的部分内容节选。昆虫是幼儿感觉十分神秘,充满好奇的一个事物。该主题活动从幼儿对蚂蚁的观察与讨论,引发关于"有趣的昆虫"的主题活动,符合主题活动的来源特征,通过建构主题活动的体系,根据主题活动的特点设置目标与内容,依此创设环境。该主题主要是通过五大领域的结合而逐步预设和进行展开的。从环境创设方面来讲,一方面,针对主题创设了相应的环境。另一方面,对主题活动中涉及的活动区角也进行了科学利用。尤其是在活动中,教师都要积极主动地调动幼儿的积极性和主动性,这样才能使幼儿在活动中真正实现发展。

第三模块

幼儿园玩教具制作

简单说,用于"玩"的器具,就叫玩具。著名儿童教育家陈鹤琴说:"对玩具应作广义理解,它不是只限于街上卖的供儿童玩的东西,凡是儿童可以玩的、看的、听的和触摸的东西,都可以叫玩具。"

玩教具与幼儿园的各类教学活动密不可分,目前幼儿园使用的玩教具,大部分是购置的,只有小部分的是自制的。在自制玩教具的过程中,既可以使得课堂教学更加生动而有活力,也可以锻炼提高幼儿的动手能力和创造能力。本项目主要对幼儿园玩教具的制作形式、方法和用途做一个阐述。

【问题情境】

在语言活动中,如让你设计制作一个玩教具运用到教学活动中,你打算设计什么?采用什么材料制作完成?

【学习提示】

以上问题情境,涉及的问题比较全面,作为幼儿教师,我们在教学活动中能制作哪些玩教具,我们在对材料的认识、表现形式的掌握及制作的工艺上是否处理得当?学完本章后,希望对我们有所帮助。

【学习目标】

1. 理解幼儿园玩教具含义及作用
2. 掌握幼儿园玩教具的制作形式及方法
3. 合理运用幼儿园玩教具,丰富课堂教学活动

任务一　玩具的种类

一、按来源划分

自然玩具、自制玩具、民间传统玩具、现代玩具等。

二、按用途划分

智力玩具、科教玩具、表演玩具、形象玩具、音乐玩具、娱乐玩具、体育玩具等。

图 8 - 1　　　　　　　　　　　　　　图 8 - 2

三、按原料划分

金属玩具,塑料玩具,木、竹玩具,布艺玩具,纸玩具等。

任务二　幼儿园玩教具制作

一、玩具的基本特性

玩具具有娱乐性、教育性和安全性三个基本特征。

二、纸材料玩教具制作

纸材料在幼儿园手工制作玩教具中运用非常普遍,纸材料易寻得且环保。不仅可用色彩亮丽的彩纸,还可用废弃的旧报纸、挂历纸、广告纸,以及在生活中收集的纸盒、礼品包装盒、纸箱、纸质手提袋等来自制玩教具。常见的纸质玩教具造型方法有折、剪、编及粘贴等方法。

介绍几种常见的纸材料玩教具制作技巧:

(一) 剪纸

剪纸是以纸为材料,以剪、刻为主要造型手段的一种民间艺术形式。剪纸可以分为:单色剪纸、染色剪纸、套色剪纸、分色剪纸、填色剪纸等。

1. 剪纸的工具材料:纸张、剪刀、刻刀、蜡盘等。

2. 剪纸的一般步骤:如单色剪纸。第一,起稿。构思确定后,起稿布局,对画面进行具体描绘,画出黑白效果。第二,剪、刻。刀刻时的顺序如同写字一样由上到下,由左

图8-3　单色剪纸

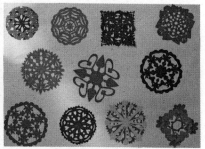

图8-4　彩色剪纸

到右,由大到小,由细到粗,由局部到整体。避免重复用刀,不要的部位必须刻断,不要用手撕,否则剪纸会带有毛边影响美观。第三,揭离。剪刻完毕后需要把剪纸一张张揭开,电光纸和绒面纸因纸面光滑,比较容易揭开。第四,粘贴。揭离完毕后还需要把成品粘贴起来,便于保存。第五,成品修改。第六,复制,熏样,晒样。

3. 剪纸的基本方法:

对称折叠剪

对称折叠剪法需要在剪之前将纸按不同折法折叠,然后根据设计的纹样剪,有时剪细部还可以用刻刀来刻,剪刻结合。首先把纸左右边或上下边对折,画出半个图形,然后剪刻下来。注意所画图形的一侧要紧靠对折边。

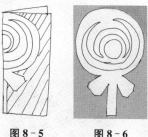 

图8-5　　　　图8-6　　　　图8-7

连续对称剪

把长条形纸连续对折,画上花边纹样,剪下后成连缀排列的花边形象。

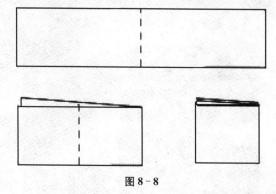

图8-8

放射对称折剪

　　放射对称折剪是剪纸的一种布局格式,呈圆形或方形中心放射状对称花样、四面均齐。这种装饰格式在剪纸中尤能显示其优异性,正方形对角折,折叠二次、三次、四次不等,便可剪出四面均齐的花样,传统剪纸中用这种方法剪成的团花,具有团圆美满的含义,是民间喜庆节日常用的装饰。

(二) 彩色剪纸

1. 套色剪纸

　　套色剪纸是在事先剪刻好的单色剪纸主稿(一般为阳刻)上再套上各色纸块衬托,有类似于套色版画的色彩效果。套色剪纸主稿通常用黑色,也可根据具体表观对象选择颜色。做法是先剪制好主稿,再将需要套色的部分用拷贝纸描下来,用事先设计好的颜色纸——剪下,将剪制好的衬色纸依次贴于主稿背面。

2. 染色剪纸

　　染色剪纸,术语谓之"点色"。材料选用生宣纸、高丽纸或吸水性强的纸,以及透明性的水彩颜料和彩色墨水。做法是将不同颜色的颜料配好,盛在小盘里,再将剪刻以后的作品用水湿润,然后分别浸染不同的颜色,也可用毛笔蘸色在局部点染,半干后打开作品平夹在书中,全干后色彩滋润而生动,形成了既有水墨画韵味,又有扎染布风格的剪纸。因纸薄易湿,渗透性强,每次能染数张。

(三) 撕纸造型

　　撕纸就是以手撕代替刀剪,按照剪纸的特点撕出各种造型。对学前儿童而言,撕纸安全性更强,同时也是一项能够开发智力、锻炼其手脑的协调性的有益活动。

　　【课后练习】利用不同色彩的蜡光纸剪出两个窗花。

　　作品范例

图 8 - 9　　　　　　　　　图 8 - 10

图 8 - 11　　　　　　　　　图 8 - 12

图 8－13　　　　　　　　　　　图 8－14

图 8－15　　　　　　　　　　　图 8－16

图 8－17

（四）折纸玩教具

手工折纸富于变化,造型生动可爱,有助于儿童想象力和智力的开发。粗看起来只是一种简单的模仿游戏,而实际上,折纸可以综合培养儿童的观察能力、动手能力、手眼相互协调的能力以及对空间的感知能力。孩子们因纸样的形状与色彩而好奇,因手指与纸张的多种接触而兴奋,因纸张的最终成形而享受成就感,折纸过程不仅是游戏与学习的过程,同时折纸作品还可以作为儿童游戏的玩具和辅助教学的教具。

1. 折纸的基本方法:

【折纸示意图符号】

凹折线: ━ ━ ━ ━ ━ ━ ━ ━ ━ ━ ━

凸折线: ━ ━ ‒ ━ ━ ‒ ━ ━ ‒ ━ ━

对边折:方形纸相对的两边对折

对角折:正方形相对的两角对折

集中折:正方形相邻的两边依虚线向对角线折

向中心折:正方形相对的两角向中心折

作品范例

图 8 - 18

(五) 纸贴画玩教具

一般认为纸贴画是指通过手工撕制或应用工具剪切创造出的造型,并将其创造形象进行拼贴组合完成的艺术作品。纸贴画制作过程比较简单,制作形式富有装饰美感,作品通常深受大家喜爱。在生活中的一些废旧材料,如碎布条、鸡蛋壳、贝壳、树皮、牙签等,也可以穿插出现在纸贴画中,体现出作品的灵活性和多样性,提高作品的观赏性,丰富作品的趣味性。

图 8 - 19   图 8 - 20

1. 纸贴画的工具材料：纸张（毛边纸、宣纸、餐巾纸、瓦楞纸、各种电光纸、塑料纸、挂历纸等），剪切工具（剪刀、美工刀、刻刀等），粘贴工具（胶水、白乳胶、双面胶等）。

2. 纸贴画的一般步骤：第一，构思草图。制作一张剪贴画，考虑制作什么样的内容，什么样的形式，先用铅笔描绘出设计稿。第二，选材。根据设计图稿，考虑材料的特性，根据材料的肌理、色彩的不同，合理选取需要的材质进行创作。第三，剪贴。先整体再局部，先底层再往外拼贴。第四，整理画面。从总体审视画面，对不当之处进行修整。

【课后练习】充分发挥想象力和动手能力制作出一幅主题性纸贴画。

作品范例

图 8-21

图 8-22

图 8-23

图 8-24

图 8-25

图 8－26   图 8－27

图 8－28

(六) 纸雕塑玩教具

纸雕塑是一门新兴的艺术,它的特点是塑造立体空间形态,舒展于表层,只要我们掌握了其中的切割、卷曲、扭转、折叠及撕贴等多种技巧,孩子们都能创造出自己的新作。纸雕塑造型选择的材料一般是韧性较大的纸张,基本方法有切折、挤压、卷曲、粘贴等技法,使作品更具有抽象性与装饰性,制作出有立体感的纸艺术作品。

1. 纸雕塑的基本技法

折叠。将一块平面纸板的一部分对折后掀起,然后固定在一定的角度上,就形成了一个深度空间。

卷曲。曲面的制造方法是使用笔杆、木棒等工具卷曲出适用的弧度,注意纸张的方向性。如弯曲的形态,既不折,又不划切线,把纸板弯曲,便可创造出饱满有力的立体形态,或施以外力加以定型。

切折。利用直与曲的折线,使平面的纸张具有立体效果。曲线切折,先在纸面上轻画切折的痕迹,再用刀沿线轻划,切线时注意弧度的顺畅,做出来才会美观,刀刃用力不要过重,以免切断纸面。

围合。利用卷、折、粘等手法,将平面围合形成柱体、方体、锥体等。锥体围合,可先剪去一部分,衬于锥体内,粘贴成锥形。

2. 纸雕塑的基本制作形式

纸浮雕装饰画。首先,先在素描纸上画出形象的基本造型;其次,依照线稿分解剪切出各个部分的形状,分别用笔杆压凸、卷曲、粘贴组合。

头饰、面具。头饰是幼儿园活动中常用的道具。在角色游戏、舞台剧表演、讲故事等活动中佩戴面具或头饰,可以提高幼儿参与的兴趣。幼儿园头饰、面具的设计制作形式多样,有平面和立体形式,可剪、可画、可折,形象设计要生动、可爱,富有情趣。

纸塑玩偶。基本方法步骤:第一,围合造型做各种纸筒,作为基本形状。第二,在纸筒上装饰图案,可画、剪贴、卷折、组合粘贴,塑成人物、动物、植物、建筑等。

【课后练习】从动物、人物、景物中任选一类制作出纸雕塑作品一件。

作品范例

图 8－29　　　　　　　　图 8－30

图 8－31　　　　　　　　图 8－32

图 8－33　　　　　　　　图 8－34

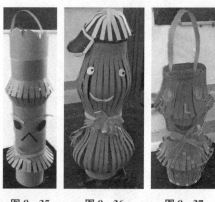

图 8-35　　　图 8-36　　　图 8-37

图 8-38　　　　　　图 8-39

图 8-40

三、布艺玩教具制作

布艺玩具在孩子心中,不单单只是玩具,同时还是他们的朋友和伙伴,与之交流、玩耍,让孩子沉浸在这美好的遐想世界里。这种玩耍锻炼了他们的思维和动手能力,提高了他们的审美和鉴赏能力。布是一种柔软的材料,安全耐用。在幼儿园中,布艺玩教具深受幼儿的喜爱。布艺玩教具的制作可以上溯到古代,人们用布缝制布偶给孩子玩耍,孩子的早期教育也在无意中开始了。还有许多传统的玩教具,例如沙包、蹴球,都是用布料缝制而成的。由于布料选材方便,制作简便,布艺玩教具至今仍是学前教育中常见的玩教具。

(一) 布艺玩教具制作的基本技巧

1. 粘贴

粘贴是布艺制作过程中经常使用的技巧。过去人们用面粉制作黏稠的浆糊把布层层叠叠地糊在平面上,形成厚实挺硬的布袼褙,用来制作鞋、帽和小配饰。传统的绣球、布老虎、针插也是用这种技术制作的。

2. 缝制

缝制是布艺制作的主要技巧。拼合布样、钉纽扣、锁边等一些常见的布艺制作主要都是通过穿针引线完成。缝制的方法多种多样,在布艺玩教具制作的过程中,根据不同的部位与不同的需要,采用不同的针法,以保证手缝的质量与效果。常见的有:

攻针

攻针又称拱针,可缝制两层或多层样片,是手工缝纫最基本的针法。针一上一下自右向左,按规定的缝纫线路,连续地、针距均匀地向前进针、挑针。进针过程中,左手大拇指与食指保持在离针尖 1—2 针脚距离处,随着进针,左手不断向后移动。操作时可一次一针,也可一次数针后一次性抽线。

缲针

缲针又称撬针,用于将样片折叠部分缝合在一起,正面露出明显线迹。它多用于布片的贴边,以及一般暗处的缝合等。缲针的操作方法是:先把布的毛边朝反面折进0.5—0.7 厘米,再折上贴边宽度。手针从外向里,由右向左上方斜缝,一般在上层出针的部位,向前 0.3 厘米距离,挑起下层的布丝(针不穿透布料),然后再以 0.2 厘米的距离向上层缝进,使两者缝合。

回针

回针另称钩针、倒钩针,常用于布艺玩教具经常着力的部位。如手套布偶的手指用力部位,尤其适用于弹性面料的缝合。缝纫时可以自右向左向前缝一针进三分,再向后缝一针退一分,也可以自左向右进三分,退一分。

钉纽扣

在布偶制作中,钉纽扣主要是为了钉眼睛。纽扣通常分为实用扣和装饰扣两种。一般有四眼扣、二眼扣和背面单眼扣等。四眼扣钉好后,正面的线呈"X"形或"＝"形,根据需要还可以钉成其他形状;二眼扣钉好后,呈"一"形;一眼暗扣正面不见线迹。

反口

在缝制布艺玩教具过程中,很多时候要把布料反着缝制,最后留一个小口不缝,把所有的布料再从这个小口中返回来,就叫做反口。结构简单的布艺,用手指捅就可以反口。结构复杂或者布料厚的布艺,要借助鹤嘴钳把布料拉出来。

填充

填充也是布艺制作中常见的技艺。布料本身不能成为立体的,只有填充一定的材料,才能成为立体的玩具。填充物也是多种多样,一般都是颗粒状或者棉絮状。

　　根据玩教具的实际用途,填充物也不相同。例如沙包可以填充玉米粒、干豆子、大米等粮食作物,而布偶则要填充棉花、丝棉、PP棉等柔软的材料。填充量的多少也要根据实际需要而定。

(二)布偶玩教具

　　布艺玩教具一般分为布偶类玩教具、环保类玩教具以及其他形式的玩教具。布偶类玩教具分为怀抱布偶,布袋布偶和指套布偶。

　　【课后练习】创作出一个布偶形象。

　　作品范例:

图8-41　小红妹　　　　　图8-42　大熊

　　1. 手套布偶

　　又称布袋布偶或手偶,主要指可以把手伸进布偶身体内,操纵玩耍,进行表演的布偶。例如以下图中的冬天里的女孩、小熊乐乐、小白兔、猫咪博士等都是手套布偶。

　　手套布偶的制作方法:如图8-43步骤分解图。

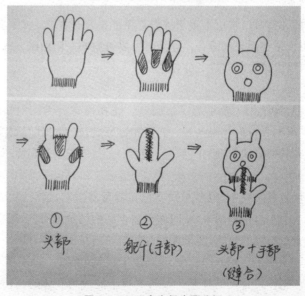

图8-43　手套布偶步骤分解

（1）设计一个动物或人物的造型,选择的材料可以是腈纶毛线和绒布等不同质地的布料。

（2）制作手套木偶头部：将一只手套的大拇指、中指和尾指的布料剪掉,并缝合；在手套中间缝上两个纽扣,再在里面塞入棉花。（兔子的头部形象出来了,填充蓬松棉时要注意不要塞棉过多。）

（3）制作手套木偶的躯干部分：先把另外一只手套食指布料剪掉并缝合；再把中指和无名指中间的布料剪开,将两面的布料分别缝合到一起（增大放入指头的空间）；最后把这个手套塞入第一只手套中,并将外围缝合。（兔子的身子躯干有了）

（4）还可以用碎步给兔子做上一件漂亮的小裙衫。

注：要充分考虑到手指头的摆放位置,缝合边缘线要细致。

【课后练习】精心设计创作出一个手偶形象。

作品范例：

图 8-44　冬天里的女孩　　图 8-45　小熊乐乐　　图 8-46　小白兔　　图 8-47　猫咪博士

2. 指套布偶

指套布偶指的是套在手指上进行游戏表演的小型布偶。由于用材少,形象可爱,操作简单,深受幼儿的喜爱。

四、泥材料玩教具制作

泥工课课程的设置在学前教育中是一门传统的手工技能课。通过对泥土的塑造,能够锻炼学生们对形体把握的塑造能力,培养手眼和脑的协调能力。同时,泥工活动不仅能让幼儿感受到泥塑的艺术美,受到美的熏陶和教育,还可以激发幼儿的想象力和创造力,从而促进其身心和谐健康地发展。泥工游戏的开展也能将民间美术更好地融入幼儿园课程中。培养孩子亲近泥土,亲近自然的天性。在人类成长的最初阶段,与泥土的亲近是人类发展不可缺少的活动。无论是人类生产劳动的需要,还是儿童游戏的活动需要,或是民间文学、神话故事等文化元素的组成,都不同程度地与泥土有着不可分割的渊源。

（一）传统泥塑

1. 传统泥塑的工具材料

材料：泥土,一般选用带些黏性又细腻的自然黏土。目前,随着科技的发展,有各种代替泥土的材料出现,如陶土、纸黏土、软陶、面包土等。泥工刀是泥塑的专用工具,有尖、圆、扁、锯齿等多种。

2. 传统泥塑的基本方法

揉泥。泥土要经过长时间的捶打、摔、揉,才能使用。在民间泥塑中有时还要在泥土里加些棉絮、纸或蜂蜜以增加泥土的黏合性和耐张性。

塑成泥胎。又称"制子儿",就是制出原型,找一块和好的泥,运用雕、塑、捏等手法,塑造好一个形象,经过修改、磨光、晾干后即可,有些地方还要用火烧一下,加强强度。

涂底色。一般着色之前先上一层底色,以保持表面光洁,便于吸收颜色。

彩绘。最后一道工序是着色,素有"三分塑,七分彩"之说。彩绘的颜料多用品色,调以水胶,以加强颜色附着力。

(二)橡皮泥塑

橡皮泥是幼儿喜欢的一种手工材料,它色泽鲜艳,柔软易塑,价格便宜,可以作为幼儿捏玩的玩具,塑造浮雕、圆雕的作品,既锻炼了孩子的动手能力,又提高了他们的审美鉴赏能力。

1. 橡皮泥贴画

橡皮泥贴画,是利用橡皮泥制作浮雕装饰画,根据设计的图案,用橡皮泥做成各种形状的泥饼,再拼贴成画。材料用法的新鲜感和橡皮泥凸起的立体感会使幼儿对创作的兴趣大大提高。

2. 橡皮泥雕塑

用传统泥塑的方法,通过搓、压、揉、捏、贴、接等手法塑造自己喜欢的动物或水果,注意颜色的搭配和谐。

【课后练习】选择生活中的日常用品或者水果作参照,用橡皮泥进行制作。

作品范例:

图8-48　笔筒　　　　图8-49　小绿熊　　　　图8-50　　　　　　图8-51　小可爱

五、废旧材料玩教具制作

深入生活,搜集利用生活中的各种材料,如旧画报、碎布料、鸡蛋壳、包装盒、植物种子、干枯的植被等,回收这些边角料及废旧材料充分利用,不仅可以节约玩教具制作成本,还可以增强幼儿的环保意识。

(一)废旧材料玩教具的基本工具材料:笔:铅笔、毛笔等。纸:卡纸、有色纸、旧画报、衬纸、布料等。颜料:水粉、水彩、丙烯颜料与墨汁等。其他:剪刀、小刀、胶水、画板等。

（二）废旧品制作玩教具的基本步骤：第一，确定材料，从玩教具的用途出发，选择安全环保的废旧材料，清洗干净后使用。第二，选择合适的工具，依据材料的外形、结构和材质特点进行设计玩教具。第三，动手制作，发现问题并及时解决。第四，制作完成，根据使用的效果进一步调整及改进。

（三）废旧材料从改造方式上分为：原型利用、结构重建和综合利用。

1. 原型利用

原型利用是指在保持废旧材料原型的基础上，简单加工之后，做成可以利用的玩教具。这种制作方式比较简单，利用简单的工具就可以完成，有的幼儿也可以参与制作。

2. 结构重建

结构重建，即切割重构，是指在原材料的外形与材质的基础上，把材料的结构进行切割、拆解，重构组成新的结构和造型。

3. 综合利用

综合利用是指结合原型改造和结构重建的方法，利用多种材料制作玩教具。综合利用废旧材料制作玩教具需要灵活地运用各种制作原理，利用废旧材料的结构，合理使用工具，制作出具有创意的玩教具。

【课后练习】设计制作以废旧材料为主的创意作品若干。

作品范例：

图 8 - 52　　　　　图 8 - 53

图 8 - 54

图 8 – 55   图 8 – 56

六、乡土材料玩教具制作

幼儿教育家陈鹤琴提倡"大自然,大社会都是活教材",生于乡土的五谷杂粮,野花野果,飞鸟虫鱼是孩子们天然的玩教具,是对幼儿学习和游戏最有利的教育资源。大自然会调动孩子们的好奇心和注意力,在尽情的玩乐嬉戏中,孩子们感受和体验着大自然的千变万化,既能凸显本土的地域特色,又可培养幼儿亲近自然的性情,给予儿童有灵性的生活,引领儿童智慧地成长,同时还具有节能环保的价值。

(一)乡土材料在玩教具制作中的特点:第一,突出地域性。材料的选择要因地制宜。如北方多用玉米秆,南方则用竹子,沿海可用贝壳、卵石作制作材料,均能体现出本地特色。第二,反映季节性。根据季节变化选择材料,如草编玩教具可在夏天制作应用,秋天可用树叶,冬天可用干稻草和玉米秆等作材料。

(二)乡土材料制作玩教具可归纳概括为以下多种形式:

计算游戏材料。利用木棒、草茎、豆粒、贝壳等作为材料教年龄小的孩子学习数数、比大小、大小排序、分类;教年龄大的孩子学习数的组成和加减。

美工活动材料。利用材料的多样外形进行想象画创作练习,如粘贴画。还可以通过一些辅助材料,与孩子一起想象、设计、制作出多种多样的工艺品和小玩具。

体育活动器具。用柳条、稻草编制飞环,用豆子做成沙袋,用树枝做成弹弓、弓箭等,供孩子进行各种体育活动。

游戏活动中的替代物。用一些植物、石头,或贝壳作为"娃娃家"游戏中的饭、菜等,用树叶作盘、碗等。

【课后练习】运用豆粒、竹签等材料做一个乡土材料玩教具。

作品范例:

图 8 – 57   图 8 – 58

图 8-59

图 8-60

图 8-61

图 8-62

图 8-63

图 8-64

七、科技玩教具制作

科技活动是对幼儿进行科学启蒙的教育,旨在发展幼儿学科学,爱科学,初步学习使用科学的能力和志趣。

幼儿利用光、声、电、热、磁、力和运动等玩具进行游戏,将玩与探索结合起来,以获取科学经验,培养能力与兴趣,使幼儿在轻松愉快的玩具操作活动中丰富科学经验,激发幼儿对科学奥秘的兴趣和欲望,发展幼儿的操作能力和思维力等。

　　幼儿教师要经常根据实际的教学需要,自己动手制作一些玩教具,这就需要教师必须具有丰富的知识与娴熟的技能和技巧。科技类玩教具的设计与制作,更是具有一定难度的,不过只要多思考,多观察,多设计,多动脑,多动手,就可以设计出具有一定科技性、趣味性和观赏性的玩教具。

　　【课后练习】结合幼儿科学活动设计制作一件玩教具。

　　作品范例:

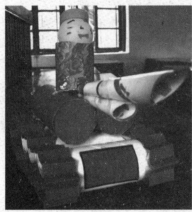 

图 8 - 65　　　　　　　　　图 8 - 66

图 8 - 67

图 8 - 68　　　　　　　　　图 8 - 69

图 8 - 70

图 8 - 71

图 8 - 72

一、幼儿园环境评价的概念

幼儿园环境评价是幼儿园评价的一个组成部分,是对环境的价值作出判断的过程。科学的环境评价,是根据一定的教育价值观,运用科学的方法对幼儿园环境的价值进行判断的过程。

由此可以看出,价值判断是幼儿园环境评价的本质特征。在环境评价中,评价者与被评价者是统一的,不是互相分离的、互相对立的。

二、幼儿园环境评价的作用

幼儿园环境评价是为了了解幼儿园教育的适宜性、有效性,调整和改进环境设置,从而更好地服务于幼儿发展,提高幼儿园教育质量的必要手段。幼儿园环境评价贯穿于从环境创设到幼儿在环境中的活动过程,直至活动的结果,所以评价的过程是一个长期的,能够体现环境与幼儿行为的互相影响。同时,评价的内容对教师的行为具有明显的导向作用。因此,环境评价的作用不可低估。评价具有以下几个方面的作用。

1. 鉴定作用。即检查或鉴定幼儿园环境创设是否符合幼儿园教育要求,评定环境创设对于幼儿发展的价值,衡量幼儿园环境对于幼儿园教育目标达成的有效作用。

2. 诊断作用。通过评价,可以及时发现幼儿园环境创设中可能存在的问题,明确努力方向。

3. 改进作用。评价的意义在于促进环境更好地服务于幼儿园教育,在评价中发现不足和问题,通过及时地信息反馈,引起注意,进行改正,从而使得环境更加符合教育目标。

4. 导向作用。环境创设的评价依据《幼儿园工作规程》、《幼儿园教育指导纲要》(试行)等的指导思想确立,具有方向性,对于幼儿园环境的创设能够起到引领导向作用。

三、幼儿园环境评价的要素

(一)幼儿园环境评价人员

幼儿园环境评价参与人员是指在环境评价的过程由哪些人承担评价责任。可以说,只要置身幼儿园之中的人都有自己对于其环境的自身评价。而这里所说的环境评价人员是指那些能够对幼儿园环境进行评价,并推动其进行总结和改进的人员。主要有:管理者、教师、幼儿、家长。

管理者包括园所领导、上级主管、行政部门等人员。这部分人对幼儿园环境进行评价主要是作为管理手段去评价幼幼儿园及教师的职业素养和工作能力。

教师的评价包括自我评价及其他教师的评价。教师之间对于环境的评价意义更多的在于反思自身的环境创设理念、技术,从而获得提高。

幼儿对于环境的评价更多的是对于环境的直接感受和表达。

家长对于幼儿园环境的评价主要为观察其中的教育价值和教育理念。

事实上,不同的人对于幼儿园环境进行评价时有其自己的评价标准和评价方法,可能存在评价上的偏差。特别是家长,有些家长能够认识到幼儿园环境的教育价值作用,有些家长只是从颜色是否鲜艳漂亮来评价,存在不专业性。我们需要对幼儿园环境进行更为客观的、深入的、专业的评价。

(二) 幼儿园环境评价内容

幼儿园环境评价的根本目的在于进一步优化幼儿园环境。从这个方面来说,环境评价应该涉及幼儿园的方方面面,可以从以下几个内容来考虑:

1. 整体环境创设效果的评价

(1) 墙面布置和装饰的内容、主题、构图、色彩等。

(2) 区域安排的主题、内容和设置。

(3) 多功能室和辅助用房的规划和布置。

(4) 场地的划分、活动及游戏时间的安排,玩具和材料的提供与更换。

(5) 环境中的各个因素是否能最大限度地发挥教育功能。

(6) 环境中的人文关怀及和谐交往。

2. 教师环境创设能力的评价

(1) 环境创设能力:包括适宜性、丰富性、选择性、教育性。

(2) 环境创造能力:包括新颖性、独特性、可变性。

(3) 环境利用能力:包括适宜性、变通性、活动性、幼儿参与性。

对幼儿园环境创设进行评价,应注意将动态评价与静态评价、定量评价与定性评价、分析评价和综合评价相结合,从整体上把握幼儿园环境的教育价值。

(三) 幼儿园环境评价维度

对幼儿园环境进行评价,既是幼儿园发展的重要环节,也是完善幼儿园工作的关键。评价需要具有可操作可衡量的标准和指标。对幼儿教师来说,环境评价主要指的是班级活动室的环境评价,我们又可以分为整体评价和局部评价。

1. 从整体上对幼儿园进行评价,可考虑以下标准:

◎ 幼儿园室外物理环境

(1) 占地面积安全性能。

(2) 活动场所绿化带功能。

(3) 周围环境、家长接送是否方便。

◎ 幼儿园室内教育环境

(1) 基本用房布局是否合理,住宿环境是否优美。

(2) 活动室采光、通风取暖是否便利,教具是否齐全。

(3) 桌椅板凳是否符合幼儿发育特点,盥洗条件、厕所卫生是否符合要求。

◎ 幼儿园人文环境

(1) 管理者学历、水平是否符合要求。

(2) 教师素质,是否注意职后学习。

2. 对幼儿园班级活动室进行评价,主要应该考虑以下指标:

(1) 整体环境色彩协调,室内环境美化、净化、儿童化,符合幼儿年龄特点。

(2) 环境能突出主题,符合幼儿年龄特点,合理利用废旧材料,经济环保。

(3) 从环境中能体现幼儿的主体性,幼儿参与性强。

（4）布局合理，色彩美丽协调，富有童趣。

（5）有自然角和家长园地，且内容丰富。

3. 从构成部分上对幼儿园进行评价，可考虑以下标准：

◎ 幼儿园墙面评价维度

（1）色彩协调美观，符合审美要求。

（2）与主题活动一致。

（3）体现幼儿参与性。

（4）内容丰富，渗透环保意识，体现废物利用。

◎ 幼儿园区域创设评价维度

（1）区域布局合理、开放，动静分开。

（2）区域设置能满足幼儿需要，体现幼儿年龄特点。

（3）区域材料投放适宜、丰富、安全，体现层次性和系统性，能满足不同能力幼儿的游戏需要。中大班要有一定的半成品材料。

（4）区域材料摆放有序，便于幼儿取放。

（5）区角标志、游戏规则呈现美观、儿童化、灵活的特点，能被幼儿理解和认识。

（四）幼儿园环境评价中的常见问题

对幼儿园环境评价的过程，其实是体现评价者儿童观和教育观的过程。幼儿园环境潜在的巨大教育价值决定了我们在评价时不能够简单粗暴地运用固定指标去一一对应，而应该看到评价对象的个性和情景。事实上，幼儿园环境评价中容易出现以下问题：

1. 过分追求环境美观丰富，忽视环境的教育作用

幼儿园环境是幼儿园课程的一部分，是促进幼儿身心和谐发展的重要保证。因此，在创设幼儿园环境时，应考虑到它的教育性，即环境的创设应与幼儿园教育目标相一致，而不是只追求美观丰富，看上去非常漂亮，但幼儿在环境之中除了作简单欣赏外没有其他的收获和互动；而另外一些环境如幼儿作品展示墙，可能不是那么美观，但对幼儿来说，能够从中体验到的成就感和自豪感，比漂亮的装饰更有价值。

2. 评价过于片面静止，缺乏整体动态的评价

幼儿园的环境创设会随着活动主题、社会热点、教育要求、幼儿兴趣等因素进行改变，环境评价也应随之变化，体现为评价不只是对材料的评价，还应考虑到环境创设过程中教师的创意、幼儿参与的程度、对幼儿经验的提升程度等等。从这方面来说，环境评价应经常进行，评价的内容应全面，不只是对班级活动室的环境评价，还应包括对周围整体环境的评价。

3. 评价过于封闭，缺乏开放性

《幼儿园工作规程》提出"创设与教育相适应的良好环境，为幼儿提供活动和表现能力的机会与条件"。幼儿园环境的创设正由封闭式逐渐走向开放式，我们看到幼儿活动的空间、时间及材料、玩具等各项环境要素来源都非常多元，幼儿园环境之中的各项资源也可以互相利用。

开放的环境对幼儿的自主性、积极性以及交往能力都有较大的影响。那么，在评价

的过程中,也应体现出开放性。注意评价时不能只看一些表面的现象,还应看现象背后教师的用意,注意防止"本本主义"、"经验主义"。

【阅读链接】

班级环境创设评分表

班级:＿＿＿＿＿＿＿　　　　评分人:＿＿＿＿＿＿＿

评分说明:

1. 环境布置能体现幼儿参与度,幼儿能与环境互动。(20%)

2. 环境能突出主题,符合幼儿年龄特点。(20%)

3. 环境能体现幼儿的主体性,是师生共同参与的结果。(20%)

4. 布局合理,色彩美丽协调,富有童趣。(20%)

5. 有自然角和家长园地,且内容丰富。(20%)

创设主题				创设班级		成绩	
内容	色彩布局	突出主题	幼儿主体性	能与幼儿互动	废旧物品的利用巧妙	得分	
主题活动环境							
区域游戏环境							
整体环境							
门、窗饰							
家园联系栏							

参考文献

[1] 陈虹,杭梅.保教知识与能力[M].长春：东北师范大学出版社,2011.

[2] 曹玉兰.关于家、园、社区教育资源整合研究的几点思考[J].扬州教育学院学报,2007,(4).

[3] 高慧斌.教师专业标准与专业成长·幼儿教师[M].北京：世界图书出版公司,2013.

[4] 国家教师资格统一考试规划教材编写组.保教知识与能力[M].北京：人民出版社,2012.

[5] 广州军区司令部幼儿园.幼儿园环境与学具设计大全[M].广州：岭南美术出版社,2001.

[6] 李生兰.幼儿园和家庭、社区合作共育的研究[M].上海：华东师范大学出版社,2003.

[7] 廖晓萍.在生命教育理念下重新认识与建构幼儿园区域活动[J].学前教育研究,2010,(4).

[8] 秦铭蔓,刘珍珍.幼儿园科学区角材料的选择[J].青春岁月,2011,(16).

[9] 汝茵佳,吴益斐.幼儿园环境文化创设[M].南京：江苏教育出版社,2013.

[10] 汝茵佳.幼儿园环境与创设[M].北京：高等教育出版社,2006.

[11] 沈芝莲,郭士恒.农村幼儿园环境创设与玩教具制作[M].北京：人民教育出版社,2009.

[12] 孙如华,余晓妹.幼儿园环境布置[M].北京：教育科学出版社,1999.

[13] 屠美如.向瑞吉欧学什么——《儿童的一百种语言》解读[M].北京：教育科学出版社,2002.

[14] 田慧生.教育环境伦[M].南昌：江西教育出版社,1996.

[15] 许晓蓉.幼儿园整合社区教育资源策略探微[J].学前教育研究,2006,(7).

[16] 袁爱玲.幼儿园教育环境创设[M].北京：高等教育出版社,2010.

[17] 杨枫.幼儿园教育环境创设与玩教具制作[M].北京：高等教育出版社,2006.

[18] 杨莉君.示范性幼儿园区域活动材料投放的有效性[J].学前教育研究,2012,(5).

[19] 庄红玲.幼儿园区域活动环境创设的策略[J].学前教育究,2011,(5).

[20] 朱家雄.幼儿园课程[M].上海：华东师范大学出版社,2003.

[21] 张小媛.环境创设[M].南京：南京师范大学出版社,2011.